미디어 기술
부상하는 케이팝

방송문화진흥총서 233

미디어 기술 부상하는 케이팝

초판 인쇄 2024년 6월 25일
초판 발행 2024년 6월 30일

지은이 이종임 | 교정교열 정난진 | 펴낸이 이찬규
펴낸곳 북코리아 | 등록번호 제03-01240호
주소 13209 경기도 성남시 중원구 사기막골로45번길 14 우림2차 A동 1007호
전화 02-704-7840 | 팩스 02-704-7848
이메일 sunhaksa@korea.com | 홈페이지 www.북코리아.kr
ISBN 978-89-6324-208-8 03300
값 17,000원

Media tech / K-pop

방송문화진흥총서 233

미디어 기술 부상하는 케이팝

이종임 지음

북코리아

머리말

이 책은 대면활동이 불가능했던 코로나19 팬데믹 시기에 미디어와 대중문화의 역할론에 대한 의미 등을 분석한 책이다. 일상으로 돌아온 지금은 잊혔을지도 모르지만, 당시 코로나19의 확산으로 '나'의 모든 동선은 모바일 큐알코드로 공개해야 했고, 학교 수업은 인터넷 강의로, 회사 출근은 재택근무로 대체되었다. 지구상에 있는 모든 사람의 일상은 디지털 기록을 통해 자신의 존재를 확인할 수 있었다.

일상적으로 누리던 많은 것들이 불가능해졌고, 고립된 상황에서 느끼는 우울감을 해소하기 위해 우리가 찾았던 것은 나와 비슷한 상황에 놓인 사람들과의 교감이었다. 당시 유튜브 플랫폼 이용시간이 급격하게 늘었는데, 이유는 여행, 유학생활, 직장생활, 음식 만들기, 인테리어 등 일상생활의 모든 것을 다룬 콘텐츠를 볼 수 있었기 때문이다. 친구, 가족과의 대화가 어려웠던 시기, 우리는 디지털로 재현된 삶을 통해 위로받았다. 개인이 제작한 채널에서 볼 수 있는 콘텐츠는 일상적이고 사적인 그리고 사회적 주목도가 크지 않은 내용의 콘텐츠까지도 골라 볼 수 있는 즐거움을 제공했다. 이와 같이 유튜브 플랫폼을 통해 다양한 콘텐츠를 볼 수 있다는 특징으로 인해 이용자 수는 계속 증가했다. 갑작스런 삶의 변화와 질병에 대한 공포는 우리의 삶에 큰 영향을 미쳤지만, 현실적 어려움을 극복하기 위해 우리가 찾은 것은 '디지털 세계 속 이야기와 사람들'이었다.

디지털 공간에서 일상적 삶을 공유하는 것뿐만 아니라 많은 사람과 함께 소통하는 것에서 즐거움을 느꼈던 분야가 대중문화였고, 그중에서도 케이팝의 영향력은 폭발적이었다. 팬들이 직면한 삶의 양식 변화뿐 아니라 아이돌이 소속된 기획사들도 비대면의 어려움을 타개하기 위해 아이돌과 팬들의 만남을 고심했고, 디지털 기술을 적극적으로 활용하는 방법을 선택했다. 가장 처음 시도된 것은 3차원 가상공간 메타버스에서 열린 아이돌의 팬미팅이었다. 현장이 아닌 가상공간에서 만나 함께 소통할 수 있다는 것은 아이돌과 팬 모두에게 새로운 이벤트로 기억되었다. 이후 케이팝 산업에서 기술의 활용 방식은 더 다양해졌다. 공동체성을 유지하는 매개적 역할뿐 아니라 아이돌 기획사들은 여러 팀의 가상아이돌 데뷔를 이끌어내기도 했다. 지난 몇 년 동안 디지털 기술이 매개된 콘텐츠 생산과 팬미팅 등이 가능해지면서 케이팝 산업은 크게 성장했다. 아이돌과 팬들의 만남은 메타버스, 라이브 방송, 온라인 콘서트를 통해 활발하게 이뤄졌다. 끝나지 않을 듯 보였던 코로나19 팬데믹은 2023년 5월 엔데믹(endemic) 선언으로 종식되었다. 그러면서 우리의 삶의 방식도 변화했고, 현실에서의 문화향유도 가능해졌다. 아이돌과 팬이 직접 대면할 수 있는 콘서트나 팬미팅도 열리게 되었다. 우리의 삶은 다시 코로나19 이전으로 돌아갔으며, 현재는 방송과 콘서트 등 예전의 다양한 이벤트가 활발하게 이뤄지고 있다.

질병관리청이 2024년 발표한 '우울감 경험률 현황'을 보면, 성인의 우울감은 2018년 5.0%로 최저치를 기록했지만, 2020년 코로나19를 거치면서 지속적으로 증가했고, 2023년에는 1.46배 증가한 7.3%로 나타났다. 지금은 마스크를 쓰지 않고도 대면활동이 가능하지만, 지난 몇 년 동안 우리가 경험했던 폐쇄적 생활과 우울감이라는 감정이 여전히 우리 마음속에 각인되어 있음을 알 수 있는 결과다. 이처럼 코로나19로 힘들었던 시기의 감정이 여전히 우리에게 남아있지만, 그러한 우울감을 극복하기 위해 우리는 디지털 공간에서 방법을 찾았다. 특히, 케이팝 같은 문화를 적극적으로 소비하고 향유하며 어려움을 극복할 힘을 얻었다. 국내의 경우 코로나19 시기에 아이돌 오디션뿐만 아니라 성인가요 오디션도 크게 흥행했다. 노년층까지 팬덤에 유입될 수 있었던 이유는 여러 가지가 있겠지만, 그중 하나가 질병 재난 같은 고립된 환경 때문일 것이다. 코로나19의 확산은 우리에게 더불어 산다는 것, 사회적이고 정치적인 이슈에 함께 목소리를 내야 한다는 것을 학습하게 했다. 특히, '숨을 쉰다는 것'의 어려움, 기후위기 문제, 인종차별 등의 다양한 이슈에 관심을 갖게 했다. 케이팝 팬들도 인종차별에 반대하는 블랙 라이브스 매터(Black Lives Matter) 운동에 적극적으로 동참했고, SNS를 통해 의견을 교류했다. 아이돌 역시 팬덤과 함께 비판의 목소리를 내기도 했다. 이처럼 케이팝은 사회적 문제를 해결하는 데 중요한 역할을 했다. 아이돌의 '사회정치적 발언'과 '함께 목소리를 내는' 팬덤은 온라인 공간에서도 끈끈한 관계를 형성하게 되었다.

디지털 미디어 환경도 케이팝을 즐기는 팬들이 언제 어디서나 음악을 즐길 수 있는 환경을 구성하는 데 큰 역할을 했다. 케이팝 산업도 크게 성장한 만큼 아이돌이 소속된 기획사들은 갑자기 늘어난 팬덤과 의사소통을 하기 위한 노력을 하기 시작했다. 기획사가 운영하는 팬덤 플랫폼도 등장했고, 아이돌과 일대일로 메시지를 주고받을 수 있는 플랫폼도 등장했다. 디지털 기술은 아이돌과 팬덤을 실시간으로 연결해주고 소통 가능한 환경을 만들어주었다. 콘텐츠 소비와 소통이 모바일을 중심으로 이뤄지면서 소셜미디어 플랫폼에서 아이돌의 영향력은 더욱 커졌다. 하지만 아이돌 관련 정보가 증가하면서 아이돌과 관련된 모든 것이 평가의 대상이 되는 상품이라는 인식도 더 강해졌다. 아이돌은 자신의 생각과 감정을 표현하는 것부터 무대 공연과 팬미팅의 태도까지 모든 것이 공개되고 기록되는 시대를 살아가고 있다.

디지털 공간에서 아이돌과 팬이 만날 수 있는 기회도 늘어나고 아이돌의 일상적 정보를 소비하는 과정에서 정서적 연대, 즉

'친밀성(intimacy)'을 형성하게 된다. 특별한 기회에만 만날 수 있었던 아이돌을 온라인으로 만날 수 있는 환경이 구축되면서 팬들은 아이돌을 더욱 친근하게 느끼게 되었다. 아이돌의 모든 것을 중계하는 유튜브 채널도 등장했다. 아이돌 정보를 볼 수 있는 플랫폼이 다양해지면서, 팬들은 정기적으로 정보를 받아볼 수 있는 플랫폼의 구독자가 되었다. 플랫폼 구독 환경은 대중으로 하여금 아이돌은 선망의 대상이지만 다른 한편으로는 나의 시간과 비용을 투자한 대상으로 인식하게 만들었다. 팬심과 투자라는 이중적 시각이 동시에 존재하면서 아이돌은 더 많은 정보를 공개해야만 하는 상황에 놓이게 되었고, 팬들의 선택을 받기 위해서는 친절함이 담긴 정보를 자주 공개해야 한다. 디지털 공간에서도 아이돌은 점차 혹독한 평가의 대상이 되고 있다.

따라서 이 책에서는 케이팝 산업의 지속성을 위해 활용되고 있는 디지털 미디어 환경이 팬덤과 아이돌의 상호작용에 어떤 영향을 미치고 있는지를 살펴보았다. 관련 내용을 수집하는 동안 SM엔터테인먼트와 카카오, 하이브 간의 합병 움직임이 있었고, 하이브와 어도어 간의 경영권 갈등 문제가 빚어지기도 했다. 케이팝 산업이 빠르게 성장하면서 음악을 만드는 생산 주체들뿐 아니라 다양한 주체가 참여하게 되었고, 글로벌 팬덤이 형성된 속도만큼 기획사의 운영 방식이 그 속도를 따라가지 못한 부분도 작용한 결과일 것이다. 아이돌의 자기관리는 무대 위 활동뿐 아니라 일상생활 속에서도 해야만 하는 것이 되었다. 라이브 방송이나 일대일 메신저에서도 성실한 모습을 보여야 한다. 팬덤의 능동적 참여활동도 꾸준히 이어지고 있지만, 기획사가 운영하는 팬덤 플랫폼으로 인해 팬들은 소비자로서의 역할만 더 충실히 이행하게 되는 상황의 특징 등을 살펴보았다.

1장에서는 케이팝 생산 주체로 창작자와 아이돌, 그리고 팬덤뿐 아니라 디지털 기술이 중요한 역할을 하고 있음을 논했다. 예술과 기술이 같은 의미로 통용되었다가 분리된 개념으로 활용된 이유 등을 제시했다. 대중문화 산업이 본격화되면서 예술의 가치와 의미가 퇴색되었다는 논의와 복제기술의 대중화로 동일한 대중예술을 다수의 대중이 소비하게 된 환경이 대중정치를 가능하게 했다는 논의가 주를 이룬다. 이후 디지털 기술이 일상생활에서 중요한 매개적 역할을 하게 되면서 팬들에게 디지털 기술은 중요한 소통 수단이 되었고, 케이팝 산업 생산 주체들은 적극적으로 디지털 기술을 활용해 다양한 상품과 서비스를 출시하게 된 것이다. 따라서 이러한 산업 구조의 변화와 미디어 생태계 변화, 예술의 창작성과 디지털 기술의 확장성이 형성하는 대중문화 산업 구조의 특징과 케이팝의 관계 등을 논했다.

2장에서는 디지털 기술의 유입으로 케이팝 산업에서 나타나는 변화에 주목했다. 커뮤니케이션 수단으로 소셜미디어가 중요한 역할을 하게 되면서 아이돌과 팬들은 디지털 공간에서 많은 시간 머무르게 되었다. 다양한 콘텐츠가 존재하는 디지털 공간에서 대중의 관심을 끌기 위한 아이돌의 선택은 '챌린지'로 구성되는 성실함과 완벽함이다. 아이돌은 SNS를 통해 챌린지 영상을 끊임없이 생산해야 하고, 아이돌 관련 영상을 자주 접하게 되는 팬들은 아이돌에 대한 친밀성, 돌봄으로서의 팬덤 활동에 더욱 매진해야 하는 시대가 되었다. 팬덤의 구성원도 다양해지면서 케이팝을 포함한 한류 콘텐츠는 사회적·정치적 이슈도 고려해야 하는 상황이 되었다. 문화다양성, 인종차별 반대, 페미니즘 이슈 등 팬들 간 활발한 토론이 이뤄지는 등 역동적 문화현상이 케이팝 산업과 문화에서 나타나고 있음을 논의했다.

3장에서는 디지털 기술환경의 도래로 케이팝 향유 방식이 변화되고 있음을 살펴보았다. 듣는 음악에서 보는 음악으로, 음원 소유에서 음원 공유로 음악의 향유 방식이 변화했고, 국내 방송사 주도로 이뤄졌던 음악 산업의 권력은 디지털 플랫폼으로 이동했다. 국내 통신사의 스트리밍 플랫폼과 해외 음원 스트리밍 플랫폼 간 경쟁도 치열해지고 있으며, 유튜브가 음악을 소비하는 중요한 플랫폼으로 등장하면서 나타난 변화들도 살펴보았다.

4장에서는 코로나19 팬데믹 시기, 더욱 가속화된 케이팝과 기술의 결합 그리고 다양한 체험 서비스의 등장을 논했다. 메타버스와 AI 기술을 적극적으로 활용하면서 가상공간에서 아이돌과 팬의 만남이 이뤄지고, AI 기술을 활용해 고인(古人)이 된 가수를 재현하거나 노래를 커버하기도 하고 음악을 작곡하기도 하는 사례들에 주목했다. 그뿐만 아니라 블록체인 기술의 활용, IP 중심의 케이팝 콘텐츠 사례를 통해 기술의 적용효과나 윤리적 논의의 부재와 산업 중심의 기술 적용 사례가 갖는 의미 등을 논했다.

5장에서는 케이팝 팬덤의 증가로 아이돌 기획사가 주도하는 팬덤 커뮤니티 플랫폼과 일대일 메신저 등 아이돌 기획사가 주도하는 팬 서비스의 변화, 기획사의 빠른 성장과 멀티레이블 형성 등이 갖는 음악 산업의 의미 등을 논했다. 한류문화가 크게 주목받았던 이유는 팬덤의 능동적 참여와 팬들 스스로 창작한 콘텐츠가 갖는 문화적 전유(cultural appropriation)다. 팬덤은 사회적이고 정치적 이슈에도 적극적으로 참여했고, 기획사의 부당함에 대해 비판의 목소리를 내기도 했다. 하지만 현재는 기획사가 주도하는 미디어 플랫폼의 영향력이 커지고 아이돌 관련 정보를 전달받을 수 있는 중요한 채널로서 자리 잡게 되면서, 팬덤의 역할은 점차 줄어들고 있는 상황이다. 대형 엔터테인먼트 기획사와 같이 주류 문화 산업이 특정 하위문화 스타일이나 요소들을 다시 주류 문화로 편입시키는 것은 재전유(reappropriation) 현상으로 봐야 할 것이다. 케이팝 산업과 팬 문화의 문화적 전유와 재전유가 유발하는 문화적 의미를 분석하는 것은 앞으로의 케이팝 문화를 진단하는 데 중요한 근거가 될 것이다. 이 장에서는 팬덤으로서의 능동적 참여자보다 소비자로서 존재해야만 기획사가 반응하는 모순적 상황을 살펴보았다.

6장에서는 디지털 기술이 팬 공동체성을 유지할 수 있는 '느슨한 연결성'과 자유로운 의사소통을 가능하게 했지만, 케이팝 산업에서는 오히려 팬덤의 능동적 실천보다 소비를 통해 정체성을 형성하고 있고, 아이돌은 무대뿐 아니라 일상생활의 모든 것이 콘텐츠가 되면서 아이돌의 과노동이 일상화되고 있다는 아이러니한 상황을 논했다.

이 책이 나오기까지 많은 분들의 도움이 있었다. 케이팝 산업에 영향을 미친 디지털 기술의 의미 등을 진단하는 책 출간이 가능할 수 있도록 도움을 주신 MBC 재단 방송문화진흥회에 감사드린다. 책의 출간에 진심을 다해주신 북코리아 이찬규 대표님과 김수진 과장께도 감사드린다. 마지막으로 늘 사랑으로 지지를 아끼지 않는 가족들과 연구자의 길을 가는 아내를 격려해주는 남편과 출간의 기쁨을 나누고 싶다.

2024년 6월

이종임

차례

들어가며

전화가 걸려오는 것은 정보를 전달받는 것이 아니라 존재론적인 일이라는 존 더럼 피터스(John Durham Peters)[1]의 설명에 고개가 끄덕여진다. 그의 설명에 따르면, 커뮤니케이션은 신호의 선명함이 아니라 존재를 드러내는 것이기 때문이다. 공중전화와 유선전화가 대중화되었던 시절의 전화는 나와 타인의 관계를 각인시켜 주는 중요한 미디어였다. 지금은 모바일폰이 그 역할을 대신하고 있다. 그가 주목했던 미디어의 역할과 존재가치, 즉 미디어가 더 이상 스튜디오나 방송국의 채널, 메시지 전달 수단으로서만 존재하지 않고, 물질적이고 환경적인 존재의 기반이 되었다는 것은 지금의 미디어 환경을 돌아봐도 알 수 있다.

1 John Durham Peters (2015), *The Marvelous Clouds*, The University of Chicago Press; 이희은 옮김(2018), 《자연과 미디어》, 컬처룩 참고.

미디어는 '나'의 정체성을 구성하고 관계성을 형성하는 데 중요한 역할을 한다. 그리고 다양한 디지털 기술이 미디어에 적용되고 대중화되면서 이용자인 '나'를 구성할 수 있는 정보와 향유방식 또한 다양해졌다. 모바일 메신저의 수많은 메시지, 유튜브의 구독채널 수, 인스타그램의 팔로워 수와 팔로잉 수는 나를 구성하는 데이터가 되고 있다.

미디어 생태계는 아날로그 미디어에서 디지털 미디어로 크게 달라졌지만, 미디어의 기본적인 역할·기능은 여전히 유효하다. 우리가 미디어를 이용하는 목적은 모두 타인과 소통하기 위함이며 나의 존재가치를 증명하고 확인하는 과정이기 때문이다. 높은 접근성, 빠른 정보 교류, 폭넓은 인적 네트워크 구축 등을 가능하게 하는 플랫폼이 대세가 되었고, 그중에서도 유튜브와 인스타그램은 대표적인 플랫폼이다. 이러한 플랫폼을 이용하는 이유는 자신의 존재가치와 문화적 취향을 공유할 수 있을 뿐 아니라 여러 플랫폼을 넘나들며 다른 이용자의 취향을 발견하고 공감할 수 있기 때문이다.

현대사회에서 디지털 미디어는 '나'를 구성하고 타인에게 제공할 수 있는 정보를 축적하는 중요한 수단이 되었다. 한 개인을 구성하는 수단과 정보전달 방식은 공중전화에서 모바일로 변화했다. 정보는 음성 중심에서 텍스트 메시지와 사진 이미지로 그리고 영상콘텐츠로 확장되었다. 정보의 구성 방식이 다양해지면서 나를 구성하는 정보의 표현 방식과 공유 방식도 다양해졌다.

정보는 곧 나의 정체성을 의미했고, 타인과 연결될 수 있는 중요한 수단으로서의 정보를 문화적 취향으로 인식하는 시대가 되었다. 넷플릭스의 오리지널 드라마 〈오징어 게임〉 속 게임과 캐릭터가 전 세계에서 인기를 끌 수 있었던 것은 동일한 콘텐츠를 동일한 플랫폼으로 시청할 수 있는 시스템이 구성되었기 때문이다. 우리는 글로벌 플랫폼이 투자하고 한국의 제작자와 배우가 출연한 드라마가 전 세계에서 흥행하는 상황을 목격하고 있다. 또한 케이팝 아이돌 가수들은 미국과 영국의 음악 순위에서 1위를 차지하거나 수상을 하고 글로벌 팬들의 참여를 일상적으로 확인할 수 있는 시대를 살고 있다.

글로벌 OTT의 등장으로 한국의 드라마와 영화가 주목받고 있지만, 문화 산업 분야 중 케이팝은 이용자의 미디어 콘텐츠 소비와 참여도를 가장 잘 확인할 수 있는 영역이다. 가수 싸이의 글로벌 흥행, BTS와 블랙핑크 등 케이팝 아이돌의 글로벌 팬덤 형성과 해외 음악시장에서의 성공적 안착 등의 이유에 대해서는 여러 진단이 이뤄지고 있다. 그중에서도 가장 큰 이유는 빠른 시대의 변화가 유발한 미디어 환경과 다양한 문화적 특성을 가진 이용자 수의 증가 때문일 것이다. 아이돌은 상징자본으로서의 가치뿐 아니라 일상생활의 모든 것이 소셜미디어를 통해 확산되기 때문에 사회적 영향력이 크다. 또한 자신의 상품가치를 유지하기 위해 최대한 많은 시간 대중에게 자신의 모습을 비춰야 한다. 따라서 자신의 일상을 타인과 공유하는 방식이 일상화된 대중의 눈

높이에 맞추기 위해 디지털 플랫폼을 적극적으로 활용한다. 케이팝 산업의 중심에 서 있는 아이돌은 팬미팅이나 콘서트뿐 아니라 소셜미디어를 통해 매일, 매 순간 대중과 만나면서 인기를 유지하기 위해 노력해야 한다. 팬덤도 아이돌의 일상을 소셜미디어를 통해 언제든지 소비할 수 있게 되었다. 아이돌을 모방하는 개인의 즐거움은 유튜브의 숏츠나 인스타그램의 릴스를 통해 타인과 공유된다. 댄스 챌린지뿐 아니라 소셜미디어 플랫폼의 라이브 방송 기능을 통해 더욱 끈끈해지고 있다. 아이돌 산업에서 소셜미디어는 아이돌과 팬의 존재가치를 확인하고 관계성을 유지하는 데 중요한 역할을 하고 있다.

지난 몇 년간 코로나19의 확산으로 대면 활동이 어려워지고, 디지털 공간을 중심으로 아이돌과 팬의 상호작용이 이뤄지면서 디지털 기술의 중요성은 더욱 커졌다. 당시 디지털 기술은 아이돌 산업뿐 아니라 대중문화콘텐츠에 적극적으로 활용되었고 다양한 실험에 대중의 참여나 관심도 자연스럽게 이뤄졌다. 가상아이돌이 등장하기도 했고, 아이돌과 팬이 실시간으로 메시지를 주고받을 수 있는 '버블(bubble)' 플랫폼도 등장했다.[2] 온라인으로 콘서트와 팬미팅도 이뤄졌고, 디지털 가상세계인 메타버스

2 월 구독료를 내면 아이돌과 일대일 채팅이 가능한 월 구독형 프라이빗 메시지 서비스다. 아이돌/스타가 구독자 한 명에게만 보내는 것이 아니라 전체 메시지를 보내고 수신 형태만 일대일 채팅 형식으로 확인하게 된다. 아이돌 팬들의 이용률이 높은데, 구독할 아이돌을 선택하면 해당 스타로부터 텍스트, 이모티콘, 음성 메시지, 사진, 동영상 등을 수신할 수 있다.

(metaverse)에서 팬미팅을 갖기도 했다. 당시 기술은 개인이 홀로 고립되지 않고, 나와 비슷한 타인들이 존재함을 인지하는 중요한 도구였다. 이후 디지털 플랫폼을 통해 대중문화를 향유할 수 있는 방법은 더욱 다양해졌다.

하지만 아이러니하게도 우리가 기술에 익숙해질 때쯤, 아이돌 산업과 플랫폼 비즈니스는 더욱 밀접한 관계를 맺게 되었다. 디지털 기술과 플랫폼 이용에 익숙해진 팬덤 맞춤형 아이돌 관련 서비스를 출시하면서, 더 많은 시간을 온라인 공간에 머물도록 유도하고 있기 때문이다. 아이돌과 팬덤을 연결해주던 관계의 '친밀성(intimacy)'은 점차 생산자와 소비자를 이어주는 경제적 교환 가치를 지니게 되었다. 여기서 더 나아가 최근 아이돌과 팬의 친밀성 유지는 비용을 지불해야만 가능한 것이 되었다. 또한 아이돌의 리스크가 기획사의 주식가치로 인식되면서, 아이돌의 성실함과 자기관리는 더욱 중요해졌다. 아이돌의 스캔들이 기획사의 경제적 가치와 직결되는 환경이 형성되면서, 가상아이돌 제작자들은 가상아이돌이 스캔들 걱정이 없다는 점을 강조해 홍보하기도 한다. 케이팝 제작자들은 팬들의 소비방식과 환경을 최우선으로 고려하기 때문에 '가성비'는 그 어느 때보다 중요해졌다.

문화 산업이 존재할 수 있는 중요한 기반은 무엇보다 팬덤의 참여다. 팬덤은 문화저항 주체이자 새로운 문화생산 주체로 인식되어왔다. 주류문화에 묻힌 젊은 세대의 목소리를 낼 수 있는 창구 역할을 했던 것이 케이팝 산업이기도 하다. 글로벌 팬덤을 형성하기 전의 케이팝 팬 구성은 구조적으로 권력을 갖기 어려운 10대, 20대가 큰 비중을 차지했다. 당시 팬들을 '빠순이'라 불렀던 사실에서도 확인할 수 있듯이 팬덤활동에 참여하는 것은 사회에서 요구하는 역할을 벗어난 활동을 하는 청(소)년으로 규정했고, 사회적 비난의 대상이 되곤 했다. 유명 스타에 열광하는 팬들을 미디어가 주목하는 방식도 비판적이었기 때문이다. 하지만 케이팝이 문화 산업에서 차지하는 비중이 커지면서 팬덤으로서의 청(소)년들은 환대받는 대상이 되었다. 케이팝 1세대 아이돌을 시작으로 한 문화 산업 콘텐츠에 대한 높은 관심은 아이돌이라는 문화상품에 주목하게 했고, 인터넷의 발달은 아이돌 관련 정보획득을 용이하도록 도왔다.[3] 케이팝 산업은 기술을 적극적으로 수용하면서 대중의 문화수용 방식의 허들을 낮추는 결과를 가져왔다. 팬덤을 구성하는 주요 세대가 10대와 20대가 되면서 주류문화를 비판하거나 자신들만의 문화를 만드는 문화생산 주체로서의 역할을 하기도 했다. 하지만 기술 플랫폼이 자본의 논리에 따라 움직이고, 대중이 쉽게 아이돌과 관련해 많은 정보를 접할 수 있는 환경이 형성되면서, 팬덤의 능동성은 사회적 상황에 따라 변화했다.

따라서 이 책에서는 케이팝 음악과 아이돌이라는 대중문화

3 강보라·서지희·김선희(2018), 〈20대 여성 팬덤의 감정 구조와 문화실천: 〈프로듀스 101 시즌2〉 팬덤을 중심으로〉, 《미디어, 젠더&문화》 33(1), 13쪽.

와 아이콘을 지금의 위치에 오를 수 있게 만든 동인들의 역학관계를 살펴보고자 한다. 특히 케이팝의 경우, 현재의 대중문화에서 어떤 역할과 효과를 나타내고 있는지 미디어 환경과 팬덤, 그리고 아이돌 산업을 중심으로 논의하고자 한다. 대중문화는 현실을 반영하기도 하고 현실을 앞서나가는 등의 모순적 특징을 지닌다. 문화연구자인 존 피스크(John Fiske)는 대중문화가 모순적인 이유를 다음과 같이 설명한다.[4] 대중문화는 그 안에 물질적 기능과 문화적 기능이 동시에 존재하며, 대중문화의 자원에는 체제 유지를 위한 지배권력이 다각적으로 작용한다고 보았다. 지배계층의 경제적 이익에 기여하기도 하지만, 언제나 사회적 통제에서 벗어나 있는 요소, 지배권력으로부터의 도피나 저항의 요소도 있다는 점에 주목했다. 대중문화의 이러한 특징은 케이팝과 팬덤의 정치학에도 적용 가능하다. 케이팝 역시 이러한 대중문화의 요소들을 논의할 수 있는 주요한 텍스트이기 때문이다. 대중적 텍스트는 그 자체만으로 불완전하다는 특징을 지니고, 자기완결적인 의미를 지니지 않으며, 의미와 즐거움을 부추기고 도발한다. 아이돌과 팬들이 구성하는 문화 역시 이러한 대중적 텍스트로서의 성격을 지닌다. 아이돌이 보여주는 완벽에 가까운 퍼포먼스와 외모는 아이돌과 기획사의 경제적 가치를 결정짓는 데 중요한 역할을 한다. 아이돌을 지지하는 팬덤은 능동적이고 때로는 저항적인 대

4 John Fiske, 박민준 옮김(2016), 《대중과 대중문화》, 커뮤니케이션북스, 8-9쪽.

중의 모습이다. 그리고 케이팝과 팬덤은 디지털 미디어를 매개로 더욱 다양한 교감과 활동을 하면서 아이돌 문화는 폐쇄(지배)와 개방(대중성)이라는 두 힘의 긴장관계 속에서 체화되고 형성된다.

한류는 케이팝을 필두로 아시아를 넘어 전 세계에서 소비되는 초국적 문화로 거듭나게 되었다. 디지털 미디어가 매개가 되면서 문화, 언어, 국경의 문턱을 낮췄고, 수많은 사람들을 아이돌 팬덤에 자연스럽게 유입하게 만들었기 때문이다. 그 결과 이제는 미국과 영국의 음악 차트에서도 아이돌 음악을 쉽게 찾아볼 수 있고, 팬들이 생산·재생산하는 콘텐츠도 쉽게 찾아볼 수 있다. 이와 같이 케이팝이 글로벌 음악 차트에서 높은 순위를 차지하게 된 데는 팬덤의 적극적 활동, 팬덤을 대하는 아이돌의 진성성과 성실함, 소셜미디어를 통한 상호작용 등 일상적 활동까지도 콘텐츠가 되는 시대적 특징이 작동한 결과다.

하지만 아이러니하게도 현재의 디지털 기술과 미디어는 아이돌 팬덤 문화가 갖는 문화정치적 실천을 가능하게 하기보다 문화 산업의 상업적 가치를 구성하는 데 더 적극적으로 활용되고 있다. 기획사가 운영하는 팬덤 플랫폼은 흩어져 활동하던 팬덤을 하나의 플랫폼 안으로 끌어들이고 있는데, 기획사가 제공하는 정보를 좀 더 편리하게 접할 수 있다는 장점이 있지만, 동시에 팬들의 온라인 활동은 기획사가 운영하는 플랫폼의 경제적 가치를 유지하는 중요한 데이터 자본으로 치환되고 있다. 부불노동(unpaid labor)으로서의 디지털 노동을 팬들이 수행하고 있는 것이다.

이러한 환경이 구축되면서 디지털 기술이 일상생활에 중요한 역할을 수행하게 되고, 팬들의 미디어 이용환경에 맞는 케이팝 콘텐츠를 제공하는 것은 기획사의 중요한 전략이 되었다. 케이팝은 오랫동안 아시아를 넘어 서구사회에 성공적으로 진출하는 것이 목표로 인식되어왔다. 2010년대부터 미국 시장에 진출해온 케이팝 생산 주체들은 팬들의 적극적 활동을 기반으로 미국 대중음악시장에서의 인지도를 획득했다. CJ ENM이 해외에서 2012년부터 개최하고 있는 케이콘(K-CON) 행사, 아이돌 콘서트의 성공은 한국문화를 소비하는 새로운 소비자를 형성했다. 케이팝의 성공은 다양한 주체들의 역할에 주목하게 만들었다. 방송사의 케이팝 콘서트, 기획사의 아이돌 관리능력, 콘텐츠와 채널을 운영하는 CJ ENM 그리고 정부 관련 기관의 역할 등이다. 지난 몇 년 동안 케이팝의 성장은 빠르게 이뤄졌고, 갑작스럽게 늘어난 글로벌 팬과 아이돌의 리스크 관리는 중요한 화두가 되었다. 미디어 플랫폼, 전문인력, 디지털 데이터의 활용 능력뿐 아니라 음원이나 콘서트 등 기존의 케이팝 수익구조 외에 디지털 기술을 활용한 콘텐츠 생산도 중요해졌다. 아이돌 소속 기획사들은 IP를 활용한 콘텐츠, 메타버스나 인공지능 기술을 활용한 콘텐츠와 팬들의 참여가능성 등을 타진하는 데 많은 공을 들이게 되었다. 하지만 이러한 관리와 콘텐츠 생산을 위해서는 아이돌 팬덤을 관리할 수 있는 소통창구도 필요해졌다. 그 결과 국내 아이돌이 소속된 대형기획사들은 팬덤 플랫폼을 출시하거나 디지털 기술에 기반한 새로운 서비스 제공에 공을 들이고 있다. 디지털 기술을 매개로 기획사가 제공하는 콘텐츠, 아이돌 활동정보, 콘서트와 팬미팅 등을 효율적으로 관리할 수 있게 되었다. 이러한 상황이 지속되면서 아이돌과 팬덤 간의 친밀감은 더욱 강화되고 있지만, 팬덤 커뮤니티의 활동, 팬덤의 비판적 참여와 문화생산자로서의 역할은 변화에 직면했다.

케이팝 문화는 시작부터 팬덤의 사회문화적 실천이 갖는 의미가 중요했던 영역이다. 팬덤의 문화정치는 전 세계의 사회정치적 이슈를 통해서도 이뤄진다. 일례로 2020년 7월 시작된 태국 반정부 시위에서 시위대에게 가장 인기 있는 곡이 소녀시대의 〈다시 만난 세계〉였다. BTS는 흑인인권운동(Black Lives Matter)을 위한 기부를 하기도 했고, 2022년 백악관을 방문해 '아시아 증오범죄' 대책 마련과 함께 다양성과 포용의 의미 등을 논하기도 했다.

하지만 현재 케이팝 팬덤은 커뮤니케이션 플랫폼과 메시지의 생산과정에 참여하기 위해 소비가 전제되는 시대를 맞이하게 되었다. 정보의 생산 속도와 피드백 속도도 빨라졌고, 아이돌 간 경쟁 심화와 디지털 시장 개척 등이 기획사와 국가의 중요한 목표가 되면서, 플랫폼을 매개하지 않고서는 아이돌과 팬이 소통하는 것은 불가능해졌으며, 플랫폼을 이용하기 위해서는 이용료를 지불해야 한다. 케이팝 산업은 디지털 기술을 활용하면서 이전과는 완전히 다른 규모의 산업으로 확장되었고, 기존에는 없었던 케이팝 문화를 생산하고 있다. 다양한 정체성을 가진 팬들이 케이팝을 즐기게 되면서 콘텐츠 생산 방식, 팬덤문화의 실천성은 유례없는 참여를 나타냈다. 하지만 이러한 역동성은 빠르게 디지털 자본에 포섭되고 있는 상황이다.

따라서 이 책에서는 커뮤니케이션 과정이 대중문화와 아이돌 산업 육성에 중요한 수단이 되면서 정서, 감정, 친밀감이 경제적 가치로 전환되는 과정을 구체적으로 살펴보고자 한다. 30여 년이라는 시간 동안 케이팝 향유 과정에서 다양한 문화가 생산되었는데, 이러한 생산의 목적은 일상생활과 유관한 의미를 만들어내는 데 있다. 유관성은 대중문화의 핵심이다. 과정과 실천적 행위에 바탕을 두는 대중문화로서의 케이팝에서 드러나는 '일상성'은 그래서 중요하다. 따라서 이 책에서는 케이팝 음악의 생산 방식, 음악을 향유하는 방식 그리고 팬덤문화 형성 방식 등이 서로 교차되면서 나타나는 갈등과 봉합의 과정이 생산하는 케이팝의 문화정치적 의미 등을 살펴보고자 한다.

Media
tech/
\k-pop

1장
케이팝 문화
생산의 동력

1
예술적 상상력과 기술의 결합

케이팝의 현재는 아이돌, 음악, 기획사 시스템, 팬덤뿐 아니라 디지털 미디어 기술이 구성하는 네트워크 환경에서 나타나는 다양한 대중문화 현상이라고 규정할 수 있을 것이다. 1990년대 후반부터 형성된 한류문화는 매번 경제적 가치와 문화정치의 실천이라는 상반되는 가치가 동시에 언급되어왔다. 상반되는 가치가 동시에 존재할 수 있는 이유는 케이팝 문화가 자본에 포섭되기 쉬운 문화 산업이기도 하지만 하위문화로서 팬들의 자발적 참여와 팬들이 생산하는 콘텐츠의 문화정치적 함의도 동시에 존재하기 때문이다.

팬덤문화가 갖는 젠더 정치, 팬덤 내부의 권력 그리고 케이팝 산업과의 복잡한 관계를 유지하는 이러한 역동성이 케이팝의 붐을 이끌어내는 데 중요한 역할을 수행하고 있다. 케이팝 팬들은 지속적으로 문화생산과정에 참여하는 특징을 지닌다. 팬들의 공감과 취향의 표현은 팬미팅이나 콘서트뿐 아니라 소셜미디어 플랫폼을 통해 리액션 비디오나 챌린지 영상으로 공유되면서 문화와 언어가 다른 팬들을 끈끈하게 이어준다. 케이팝 산업은 대중음악으로서뿐 아니라 언어, 음식, 여행 등 삶의 일부분을 구성하는 모든 분야로 확장되었고, 글로벌 공동체의 삶을 공유할 수 있는 동인이자 기반으로서의 역할을 하고 있다.

아이돌 음악 관련 영상이 공유되면 팬들은 이러한 정보를 재구성해 공유한다. 이 과정에서 케이팝 음악은 콘텐츠 생산에서 중요한 역할을 한다. 케이팝 랜덤 플레이 댄스를 즐기기 위해 해외 케이팝 팬들이 선정한 곡은 우리의 예상보다 훨씬 광범위하다는 것을 통해서도 짐작할 수 있다. 한국 팬들에게도 생소한 곡까지 댄스 커버 영상에 등장하는데, 이러한 사례를 통해서도 케이팝 팬들의 열정과 관심이 얼마나 대단한지 알 수 있다. 이처럼 케이팝 팬들이 소비하는 음악의 범위와 장르가 매우 넓다는 의미와 이유는 인터넷과 소셜미디어 서비스의 확산과 일상화에서 찾을 수 있다.[1] SNS는 한국 대중음악 산업계와 음악인들에게 해외 진출에 소요되는 비용과 시간을 엄청나게 절감할 수 있게 해주었다. 따라서 역동적인 케이팝 문화의 현재를 이해하기 위해서는 기술의 속성, 예술과 기술의 관계, 대중문화를 즐기는 이용자와

1 이오현(2019), 〈케이팝(K-pop)의 해외 수용 문화가 지닌 문화정치적 함의에 대한 연구〉, 《한국언론학보》 65(5), 129쪽.

팬에 대한 이해가 전제되어야 한다.

기술(technology, thechnique)의 어원은 크게 두 가지로 설명되는데, 그리스어 테크네(techne)와 시(poetry)의 어원인 포이에시스(poiesis)다. 이 두 단어는 "무엇을 만들거나 가져오고 드러내는 행위"를 의미한다는 공통점을 가진다. 기술과 예술의 공통적인 기원은 아트(art)라는 단어를 통해서도 짐작 가능한데, 르네상스 시기와 17세기 과학혁명 시기의 아트(art)는 기술과 예술을 모두 지칭했다. 예술(art)은 라틴어 아르스(ars)에서 유래했고, 아르스는 그리스어 테크네(techne)에서 유래했다. 넓은 의미의 테크네는 솜씨(skill)를 의미한다. 물품, 집, 조각상, 선박, 침대, 옷 등을 만드는 것뿐 아니라 군대를 통솔하고, 토지를 측량하며, 관중을 사로잡는 재주도 모두 테크네였다.[2] 당시에 엔지니어나 예술가는 모두 특수한 숙련기술(skill, craftmanship)을 체화한 사람으로 간주되었다. 이러한 르네상스적인 예술-기술의 이해는 19세기까지도 그 영향이 조금 남아 있어서 영국의 숙련기술자들이 과학자들의 배타적 학회인 왕립협회(Royal Society)에 불만을 품고 만든 'Royal Society of Art'는 엔지니어뿐 아니라 화가, 조각가 같은 예술가들도 회원으로 포함했다.[3] 이후 기술과 예술은 그 분야가 나눠지기

2 W. 타타르키비츠, 김채현 옮김(1998), 《예술개념의 역사: 테크네에서 아방가르드까지》, 열화당, 25쪽.

3 홍성욱(2014), 〈예술을 바꾸는 기술, 기술을 바꾸는 예술: 비디오 아티스트 백남준의 상상력과 기술철학〉, 《인문학논총》 34, 3쪽.

시작했는데, 17세기 프랜시스 베이컨(Francis Bacon)은 실험과 협동 연구를 새로운 과학의 방법론으로 강조하면서, 과학자들이 언어와 수학에 매몰되어서는 안 된다고 보았다. 이후 18세기 예술가들은 기술의 의미로도 이해되는 아트(art)라는 단어보다 파인아트(fineart)라는 표현을 더 즐겨 사용하기 시작했다. 같은 시기의 계몽사상가들은 베이컨을 따라서 인간의 정신적 작용을 이성, 상상력, 기억으로 나눴는데 이성은 과학과 철학을, 상상력은 문학과 예술을 담당하는 방식으로 각각의 역할을 나누었다. 상상력에 대한 철학적 논의를 전개한 데이비드 흄(David Hume), 임마누엘 칸트(Immanuel Kant) 등의 철학자들은 상상력이 예술과 시학에서 필수적인 요소지만 과학이나 철학같이 이성이 지배하는 영역에서는 잘못된 결과를 낳을 수 있는 위험한 것이라고 평가했다. 이렇게 실제의 실천 영역에서든 철학적인 논의에서든 예술은 과학기술에서 멀어지면서 문학 같은 인문학에 더 가까워졌다.[4] 예술가는 기존의 고정된 개념들에서 벗어나 대상의 새로운 질서와 의미를 생성하기 위해 직관의 표상들을 반성하는 창조적 활동을 수행하는데, 그것은 상상력의 '자유로운 유희'에 의해 가능하다. 미적 판단에서 상상력은 자유로운 유희 활동을 하면서도 지성과 조화를 이루는데, '자유로운 유희'가 곧 생산적 상상력의 활동이다. 생산적 상상력은 "현실적인 자연이 그에게 준 재료로부터 이를테면

4 홍성욱(2009), 〈상상력의 과학, 과학의 상상력〉, 《독일어문화권연구》 18(4), 250쪽.

또 다른 자연을 창조해내는 데 매우 강력한 힘을 가진다."[5]

이와 같이 예술과 기술의 관계와 정의는 개념의 출발 그리고 시대적 흐름에 따라 구성되어온 것을 알 수 있다. 현재 대중문화의 중요한 기반이 되는 문화 산업의 발전과 다양한 사례들을 분석하기 위해서는 산업혁명 이후 급격하게 발전한 문화 산업을 중심으로 예술과 기술에 대한 분석을 시도한 아도르노(Theodor Wiesengrund Adorno)의 논의를 살펴봐야 한다. 아도르노는 〈계몽의 변증법〉 이외의 여러 논문을 통해 기술의 합리화 내지 효용성의 문제가 사회와 대중에게 미칠 심각성을 지적해왔다. 특히, 문화 산업에서의 기술은 사회구조와 연루되어 작동되거나 결정된다고 보았다. 그는 자본의 논리에 의해 왜곡된 기술이 문화 산업 발전의 원동력이 되었고 예술의 물신화를 촉진시켰다고 진단한다. 기술 자체의 총체적 발전은 사회적으로 결정되지만, 기술 자체도 '자율성'을 갖고 있다고 본다. 생산력의 범주로 기술을 보았을 때, 기술은 음악사의 재료와 기술이 진보하는 것과 마찬가지로 기술 자체의 완전성을 향해 나아간다는 것이다.[6] 프랑크푸르트학파의 문화 산업에 대한 비판론은 엘리트중심주의적 시각과 문화적 차이에 따른 적용 가능성의 한계를 비판받기도 했지만, 대중의 능동성이 디지털 기술에 포섭되는 현재의 문화 산업을 비판하는 데

5 칸트, 백종현 옮김(2009),《판단력 비판》, 아카넷 참고.

6 유현주(2009), 〈아도르노 미학에서의 '기술(Technik)'〉, 홍익대학교 박사학위논문, 42쪽.

중요한 근거가 된다. 서구사회의 합리화와 물화의 과정이 계몽의 변증법으로 수렴되면서 등장한 것이 바로 문화 산업이다. 합리화된 사회의 상황은 그대로 합리화된 음악이 되고, 음악은 사회적 상황을 숨기고 독점자본주의의 우월한 힘 아래에서 물화와 소외에 직면하게 되었다.

프랑크푸르트학파는 문화 산업에서의 음악을 생산으로서의 작곡보다 편곡에 집중하고 색채주의적 효과의 빈번한 도입 등이 자본주의의 물신화 현상이라 설명한다. 아도르노 미학의 주요 개념인 '물화'는 양가적 의미를 지니는데, 예컨대 아방가르드 예술에서 사용될 때는 주로 자연의 이념에 가까운 사물의 언어를 만지는 긍정적 개념이 된다. 반면에 물신화는 예술작품의 기술적 합리화를 이루기 위한 수단의 절대화로서 기능한다. 그러한 물신화 자체가 목적으로 전도될 때 그 결과를 예술의 상품화로 정의한다. 물론 아도르노가 비판했던 문화 산업의 물신성을 더욱 가속화한 라디오, 텔레비전, 영화라는 미디어 산업 영역과 현재의 모바일, 그리고 모바일에 매개된 인터넷과 소셜미디어가 구성하는 환경의 차이를 고려해야 한다.

문화 산업에 적용되는 자율적 예술의 기술은 이데올로기화되는지 혹은 이데올로기의 해독제가 되는지 여전히 중요한 부분이다. 발터 벤야민(Walter Benjamin)은 《기술복제시대의 예술작품》에서 사진이나 영화 같은 기술매체를 통해 대량복제 생산이 가져온 전통적 예술개념으로서의 '숭배가치'가 기술매체로 인해 '전시가치'로 전환되었음에 주목한다. 벤야민은 현대의 복제기술로 인해 필연적으로 원본에만 존재하는 아우라(aura)의 상실을 가져왔다는 것이다. 아우라는 공간과 시간으로 짜인 특이한 직물로서 아무리 가까이 있어도 멀리 떨어져 있는 어떤 일회적인 현상이라고 정의했는데, 기계적으로 복제된 예술작품에서 부정되는 것은 단순한 아우라적인 것이라기보다 숭배적인 것의 부정이라고 말한다. 즉, 예술에서의 주술적 요소는 현시점의 미적 합리성의 단계에서는 사라졌다고만 볼 수 없다. 아우라는 부정된 것으로 보존되고, 문화 산업으로 인해 물화된 예술에서 힘을 지닐 수 없게 되었다고 설명한다.[7]

벤야민은 영화의 복제 가능성이 아우라 예술의 문화전통이 가진 독자성, 접근 불가능성, 진정성 등의 감각을 파괴했음을 지적한다. 한편으로는 아우라 전통의 파괴가 비록 인간 경험의 유일무이한 성격을 파괴하지만, 자본주의 사회에서 영화의 복제 메커니즘 자체는 진보적이라고 설명한다. 현대 기술이 제대로 쓰인다면 긍정적 힘을 발휘할 수 있다는 것이다. 벤야민은 마르크스주의적 관점에서 집단적 대중을 해방시키는 힘에 사용되는 예술로서의 가치를 말한다. 벤야민은 예술이 어떻게 영원한 가치를 재현하고 있는가보다는 새로운 사회문화적 기능과 정치적 전시가치, 즉 예술이 구체적으로 어떤 맥락에서 누구를 향해 투입되며

7 유현주(2009), 위의 글, 136-138쪽.

어떤 기술적·제도적 장치를 활용해 자극적·충격적인 인상과 감정적 즐거움을 전달하는지에 주목해야 한다고 보았다.[8]

흄에 따르면, 미는 사물들 속에 있는 성질이 아니라 그것을 감상하는 이의 마음속에 존재할 뿐이다. 칸트는 '쾌와 불쾌'에 대한 주체의 경험이 미적 판단의 근거라고 주장했다. 하지만 듀이(John Dewey)의 근대철학은 예술의 재현적 성격이 강조되던 시기, 규칙이나 반복성 같은 재현되는 대상의 이성적 측면, 인식이 강조되던 시대에 적합한 이론이다. 듀이의 예술경험은 그의 경험에 대한 이론과 연계되어 있다. 듀이에게 경험은 살아있는 유기체가 환경과 끊임없이 상호작용하는 과정이다. 여기서 환경은 물리적 환경과 끊임없이 상호작용하는 과정이며, 물리적 환경과 사회적 환경을 모두 포괄하는 환경을 의미한다.

그런 면에서 '예술경험'은 매우 중요한 요소다. 예술경험은 유기체의 경험 중에서 가장 강렬하고 직접적이면서 근원적으로는 일상의 경험에서 유래한다. 일반적으로 사람들은 예술 활동을 능동적으로 제작하는 행위와 수동적으로 감상하는 행위로 구분한다. '예술적인 것(artistic)'과 '심미적인 것(aesthetic)'을 구분하는데, 예술적인 것은 제작 활동, 심미적인 것은 인식과 감상 활동과 관련된 것으로 간주한다. 예술적인 것은 심미적인 것에 무엇인가를

8 하선규(2007), 〈예술과 문화적 삶: 서구미학사의 몇가지 전환점에 관한 시론〉, 《미학》 49, 202쪽.

더해 어떤 것을 만드는 행위로 여겨지며, 심미적인 것은 무엇인가를 만들고 생산하는 예술적인 것과는 무관하게 그 자체로 즐기고 감상하는 행위로 여긴다.[9]

대중음악 역시 예술로서의 음악과 상품으로서의 음악으로 나누어 논의된다. 예술로서의 음악은 뮤지션이 주체가 되어 음악을 만들고 연주하고 노래를 부르는데, 대중은 그 아티스트에 대한 존경을 보인다. 케이팝은 예술로서의 음악과 어떤 유사성과 차이점을 가질까. 케이팝은 아이돌 중심의 음악을 지칭한다. 케이팝은 미국의 힙합과 유럽의 일렉트로닉 팝을 비롯해 다양한 음악 장르를 빠르게 흡수하는 혼성적인 음악 스타일, 다국적 멤버, 글로벌 팬덤 등 초국적 현상으로서의 특징도 지니지만 글로벌 경쟁력을 기치로 내세우는 자본과 경쟁의 논리에 기반한 국민문화도 동시에 존재한다. 이러한 국민문화의 특성은 현재의 K-컬처 부상에 중요한 근거가 되기도 한다. 아이돌이 미디어 플랫폼을 통해 역동적 퍼포먼스를 공연하기도 하고, 팬들이 챌린지에 동참하는 영상이 짧은 영상으로 촬영되고 공유가 가능해지면서 케이팝은 일상적이고 친밀성 형성이 가능한 콘텐츠의 원본으로서의 가치를 획득하게 되었다.

예술의 개념적 정의에서 예술과 기술이 분리되지 않고 함께 논의되었지만, 이후 산업화가 이뤄지면서 예술경험, 심미적 경험

9 존 듀이, 이재언 옮김(2020), 《경험으로서의 예술》, 책세상.

은 기술과 분리되었고, 콘텐츠와 콘텐츠를 유통하는 미디어로 분리되어 논의가 되었다. 이후 인터넷과 소셜미디어가 대중화되면서 생산자와 소비자의 경계는 모호해졌고, 음악, 특히 케이팝 분야에서 예술활동은 수동적 감상이 아닌 감상의 과정과 방법을 기록하고 공유하면서 우리의 경험의 의미를 생산한다. 커뮤니케이션의 주요 생산 주체로 아이돌과 팬덤의 역할론 역시 기술이 매개되면서 가시화되고 있다.

2
케이팝 탄생 배경: 디지털 미디어와 10대의 부상

새로운 미디어가 처음 도입되면 미디어 자체가 사람들의 시선을 모으는 형상이 될 수 있다. 하지만 사람들이 당연한 것으로 여기고 습관적으로 이용하게 되면서, 형상이었던 미디어가 비가시적인 배경이 되고 미디어 환경의 일부를 구성하게 된다. 미디어는 잘 의식되지 않지만, 우리의 감각과 경험의 변화가 이루어지는 조건이 된다.[10] 미디어가 비가시적이 되는 요인은 여러 가지 이유가 있지만, 일상성과 연결성에 기반해 이뤄지는 커뮤니케이션이 가장 큰 요소라고 할 수 있다.

1990년대 후반 인터넷이 대중화되기 전, 사람들은 레거시 미디어(legacy media)에 기반해 정보를 수집하고 문화생활을 즐겼다. 방송 프로그램을 통해 뉴스를 접하고, 대중음악을 듣고, 드라마

10 이동후(2021), 《미디어는 어떻게 인간의 조건이 되는가》, 컬처룩, 32쪽.

를 즐겨보는 등 사회적 담론 형성에 방송은 중요한 역할을 해왔다. 편성된 시간에 제공되는 프로그램을 즐겨보고, 타인들과 대화할 수 있는 일종의 대화의 '장'을 구성하는 데도 중요한 역할을 했다. 이후 레거시 미디어 중심으로 대중에게 전달되었던 대중문화와 음악은 1990년대 디지털 미디어 환경이 형성되면서 큰 변화를 맞이하게 되었다. 김창남(2012)은 한국 대중음악의 사회적 변화의 주요 요인으로 디지털 환경의 등장과 문화 소비 주체로서의 10대의 등장을 꼽았다. 구체적으로 살펴보면, 첫 번째 이유는 PC통신 시대가 등장하면서 10대를 중심으로 한 하위문화가 일본 문화의 개방과 함께 확산하기 시작했다는 점이다. 두 번째는 1992년에 방송을 통해 데뷔한 3인조 그룹 '서태지와 아이들'의 등장이 음악 산업에 새로운 10대 구매층을 만들어냈다는 점이다. 기존의 세대별 구분으로서의 기준이었던 트로트 음악에서 벗어나 다양한 음악적 취향이 형성되기 시작했다.[11]

'서태지와 아이들'의 등장 이후 젊은 세대를 대상으로 하는 아이돌 음악이 자리를 잡기 시작했다. 아이돌 음악의 세대 구분 중 1세대라 불리는 아이돌 그룹 멤버들은 역할이 세분화된 멤버들의 구성으로 활동을 시작했다. 보컬, 댄스, 랩 등의 전문 영역이 구분되고, 그룹을 상징하는 무대의 퍼포먼스는 모든 멤버가 함께 수행하는 방식으로 그룹 활동이 이뤄진다. 이를 기반으로 기획사

11 김창남 외(2012), 《대중음악의 이해》, 한울, 162-167쪽.

의 아이돌 육성과 음악 제작 시스템이 자리 잡기 시작했다. 현재 국내 대형 엔터테인먼트 기획사 중 SM엔터테인먼트가 거리 캐스팅과 오디션이라는 방식을 통해 '아이돌' 육성 방식을 시스템화했다. SM엔터테인먼트는 이수만 전 총괄프로듀서가 1980년대 미국 유학 중에 변호사를 둔 에이전시의 존재와 분업화되고 전문화된 음악 산업을 발견하고 한국에 도입한 것으로 알려져 있다.[12] SM엔터테인먼트뿐 아니라 많은 기획사가 존재했는데, 국내 대중음악시장에서 음반 판매만으로 수익을 얻기 어려운 구조가 형성되면서 여러 명의 멤버로 구성된 아이돌 그룹을 육성해 수익을 얻는 방식에 대한 기대가 커졌기 때문이다. 디지털 음원 시장의 형성, 중국에서 아이돌 그룹 H.O.T.의 성공 등 아시아 시장 진출 가능성도 높아졌다. 이렇게 케이팝은 체계적인 훈련, 엄격한 관리를 통해 짧은 시간에 다양한 분야에서 활동할 수 있는 역량을 체화시켜 효과적 수익을 획득할 수 있는 시스템으로 자리 잡게 되었다.

한국의 아이돌 음악시장은 레거시 미디어에서 인터넷, 그리고 소셜미디어 플랫폼의 대중화 등 미디어 환경변화에 맞춰 형성되어왔다. 인터넷이 대중화되고, 모바일을 통해 개인과 개인이 언제 어디서나 커뮤니케이션할 수 있는 시대가 되면서 이용자가 미

12 김수정·김수아(2015), 〈해독 패러다임을 넘어 수행 패러다임으로: 팬덤 연구의 현황과 쟁점〉, 《한국방송학보》 29(4), 19쪽.

디어를 이해하는 방식, 콘텐츠를 즐기는 방식, 다수의 타인과 소통하는 방식 등이 바뀌기 시작했다. 이러한 특성은 음악을 듣는 방식, 취향을 향유하는 방식에도 영향을 미쳤다.

2000년대 후반 소셜미디어가 대중화되고, 2010년대 글로벌 OTT가 한국 서비스를 시작하면서 이용자는 레거시 미디어에서 소셜미디어까지 동시에 다양한 미디어를 이용할 수 있는 환경에 놓이게 되었다. 이러한 미디어 환경을 미디어생태학자들의 논의에 기대어 분석해볼 수 있다. 이들은 디지털 미디어 기술 중심의 환경이 구성되고 인간이 미디어 기술을 적극적으로 활용하면서 일어나는 복합적이고 역동적인 변화 과정이 갖는 사회문화적 의미들에 주목했다. 특히, 우리의 경험, 사회체제의 변화가 일어나는 조건, 그리고 미디어 기술과의 상호작용을 탐색하고 이해해야 한다고 설명한다.

이용자가 미디어 기술과의 상호작용을 통해 생산되는 대중문화와 사회적 담론을 가장 잘 확인할 수 있는 분야는 문화 산업이다. 문화 산업은 사회문화적 가치가 반영되기도 하고, 대중의 요구와 욕망이 투영되기도 한다. 스튜어트 홀(Stuart Hall)은 일상언어나 대중적 상식, 대중문화는 경계적 계급 관계의 부수적 존재가 아니라 자체의 생명력과 상대적 자율성을 행사하는 전략적 중요성을 띠는 '장'으로 부각되었다고 설명한다. 따라서 다양한 텍스트로 구성되는 문화 산업은 대중문화를 형성하는 상징적 의미투쟁의 장을 형성하는 데 중요한 역할을 한다. 드라마, 영화, 대중음악 등으로 나눠졌던 문화 산업의 주요 장르는 디지털 기술이 활용되면서 웹툰, 웹소설, 게임, 디지털 음원 등으로 확장되었다. 문화 산업의 중요 영역인 케이팝 역시 음원과 뮤직비디오 콘텐츠뿐 아니라 게임, 웹툰, 웹소설 등 다양한 영역으로 확장되었다. 케이팝을 구성하는 중요 요소인 아이돌은 기획사에 의해 육성된 그룹이지만, 존재 자체가 상업적 가치를 지니는 상징자본이라는 특징을 갖는다. 즉 무대 위 퍼포먼스를 보여주는 전문성, 다수의 팬이 다 다르고 싶어 하는 모델로서의 몸이 갖는 신체자본, IP비즈니스 구성의 핵심요소다. 미디어를 통해 재현되는 아이돌 관련 콘텐츠는 팬들로 하여금 '같은 것'의 가치를 소비하게 하고 '허구적 공동체성'을 획득하게 만든다. 아이돌 팬덤문화는 저항과 실천으로 주목받았지만, 최근에는 소비 중심의 복잡한 양상으로 이동하고 있는 실정이다.[13] 따라서 현실에서 대중의 참여와 디지털 공간에서 나타나는 문화현상의 생산 과정에서 창출되는 역동성을 살펴볼 수 있는 장르가 바로 케이팝이다.

대중음악으로서의 케이팝은 미디어 기술의 변화와 이러한 변화가 만들어내는 구조와 결합해 새로운 대중문화를 만들어내고 있다. 아이돌의 뮤직비디오나 무대 퍼포먼스를 따라 하는 팬들의 영상 등은 개인의 계정을 통해 공유되지만, 수많은 개인 영상과 이미지를 매개하는 플랫폼으로 인해 문화콘텐츠 소비 방식을 주

13 김수아(2020), 〈소비자-팬덤과 팬덤의 문화정치〉, 《여성문학연구》 50, 11쪽.

도하기도 한다. 따라서 우리는 이러한 콘텐츠 생산과 소비 경향을 중심으로 기술이 매개하는 케이팝의 주요 사건과 트렌드가 갖는 의미를 기술과 인간의 상호작용이 유발하는 복잡한 변화 과정이라는 시각에서 살펴볼 수 있다.

1990년대 이후 온라인 미디어가 중요한 커뮤니케이션 수단으로 자리 잡게 됨에 따라 각자 편한 시간과 장소에서 스타 관련 정보를 접하고 비슷한 관심사를 가진 팬들 간의 교류도 가능해졌다. 디지털 환경이 등장하기 전에는 스타에 대한 정보가 제한적이어서 소속사와 팬들과의 상호작용도, 스타와 관련해 불만이 있어도 이러한 팬들의 의견을 가시화하기는 어려웠다. 하지만 팬덤 온라인 커뮤니티가 형성되면서, 팬들은 아이돌 정보를 공유할 수 있게 되었으며 이를 기반으로 놀이문화로서 재생산되는 아이돌 관련 정보도 늘어났다. 초반에는 팬덤 역할이 형성하는 문화적·경제적 의미가 컸지만, 당시 팬덤에 대한 사회적 인식이 부정적이고 비판적이었기 때문에 팬덤은 자신들만의 온라인 공간을 통해 다양한 소통을 하고 아이돌 관련 정보를 재생산하기도 했다.

이후 소셜미디어가 대중화되고, 국내에서도 2000년대 후반부터 서비스가 이뤄지면서, 케이팝 팬들은 새로운 미디어인 소셜미디어를 적극적으로 이용하기 시작했다. 이후 이용자는 기존의 미디어 환경과 다르게 수많은 정보를 동시에 이용할 수 있다는 점, 잠을 자고 다른 일을 하고 있는 동안에도 수많은 정보가 생산되고 공유된다는 점 그리고 무수히 많은 개인과 개인을 이어주는

'느슨한 연결성'의 특징을 가진 소셜미디어 플랫폼의 매력에 흠뻑 빠졌다. 국내 미디어 이용자 수의 변화를 통해서도 미디어 환경의 변화를 짐작할 수 있는데, 정보통신정책연구원의 〈2023년 한국미디어패널조사 주요 결과〉에 따르면 2011년 국내 소셜미디어 이용자 비율은 16.8%에 그쳤지만, 2023년 소셜네트워크서비스(SNS) 이용률은 58.1%, 인스턴트 메신저는 90.9%로 지속적으로 증가하는 추세를 나타냈다. 자주 이용하는 SNS는 인스타그램(48.6%)으로 2022년 대비 7.2%p 증가해 가장 높게 나타났으며, 그 다음으로는 페이스북(16.7%), 네이버 밴드(13.1%), 카카오스토리(10.2%) 등의 순으로 나타났다.[14]

미디어 이용자가 자신의 정보소비 취향에 맞는 플랫폼 선택지가 다양해졌고, 플랫폼을 통해 팬들의 소비성향, 음악적 취향에 대한 피드백을 빨리 확인할 수 있게 되었다. 소셜미디어 플랫폼이 구성하는 미디어 환경은 개인들이 자신을 노출함과 동시에 타자와 새로운 관계를 맺고 상호작용할 수 있게 만들었다. 이러한 특징이 케이팝을 소비하고 팬들의 참여를 이끌어내는 데 큰 역할을 했다. 아이돌을 육성하고 관리하는 국내 기획사들은 텔레비전 출연이 시간과 장비의 한계로 아이돌의 실력을 온전히 집중해 보여주기 어렵다고 판단했고, 많은 이용자가 있는 뉴미디어 시장으로 눈을 돌렸다. 인터넷을 통해 케이팝을 접할 수 있는 문턱이 낮

14 정보통신정책연구원(2023), 〈2023년 한국미디어패널조사 주요 결과〉.

아지면서 해외 팬들이 아이돌을 알게 되고 팬이 되는 시간은 점차 짧아졌다. 특히, 유튜브 플랫폼은 케이팝 아이돌 음악을 확산하는 데 중요한 역할을 했다. 뮤직비디오 영상은 기획사가 아이돌 관련 마케팅을 하기 좋은 환경을 형성할 뿐 아니라 대중의 피드백을 구체적으로 빠르게 확인할 수 있는 수단이 되었다. 유튜브뿐 아니라 트위터, 인스타그램 등의 다양한 소셜미디어가 등장하면서, 이용자나 팬들은 자신의 취향과 상황에 맞는 플랫폼을 선택해 아이돌 관련 정보를 볼 수 있게 되었다. 또한 아이돌이 공유하는 자신들의 다양한 챌린지 영상을 팬들에게 제공할 수 있고, '라이브 방송'도 쉽게 할 수 있게 되었다. 이러한 미디어 환경은 아이돌과 팬들의 관계를 끈끈하게 연결해주는 데 큰 역할을 했다.

인터넷의 연결성과 이동성은 이용자에게 데이터의 축적과 공유, 전 지구적으로 연결되었으면서도 주변과 사회적·심리적 거리를 갖는 복합적 성격을 가진 개인화된 네트워크 공간의 탄력적 구축 능력을 갖게 했다. 이뿐만 아니라 이용자의 시간 경험을 확대하고 유연한 네트워크 시간 감각을 이해하고 활용할 수 있게 만들었다. 또한 기존 매스 미디어의 경험을 재매개할 뿐 아니라 그 경험을 되살리고 현존 감각을 가질 수 있게 한다. 이제는 모바일 인터넷을 기반으로 감각이 형성되고 있어 인터넷의 상호작용 경험과 일상적 삶의 경험을 분리하기가 어렵게 되었다. 인터넷의 연결성이 기존의 공간적·지리적 장벽을 허물었다면 모바일의 이

동성은 이러한 경계 허물기를 더욱 심화시켰다.[15]

이와 같은 미디어 환경은 기존의 매스 미디어, 레거시 미디어의 콘텐츠 생산과 제공 방식에도 영향을 미쳤다. 이용자의 관심을 받기 위해서는 그에 부합하는 콘텐츠 소비 환경을 구성해야 하기 때문이다. 레거시 미디어의 경우 선형적 방식의 콘텐츠 소비환경을 제공한다. 편성된 시간에 프로그램을 시청해야 하는 편성표라는 '약속'은 모바일 인터넷 환경에 익숙한 대중의 기대를 충족시키지 못한다. 대중은 유튜브를 통해 방송사의 짧은 영상을 소비하는 방식을 더 선호한다. 유튜브 이용자가 늘어나면서, 방송 프로그램만 고집했던 유명인들도 앞 다투어 유튜브 채널을 개설하기 시작했다.

빠른 미디어 생태계의 변화로 인해 레거시 미디어도 여러 가지 시도를 해왔다. 브이로그 같은 1인 중심의 리얼리티 예능을 생산하기도 했고, 여러 캐릭터의 역할을 수행하는 프로그램을 제작하기도 했다. 일례로 MBC 〈놀면 뭐하니?〉 진행자 유재석은 유튜브 1인 방송 같은 구성으로 여러 캐릭터의 체험 과정을 보여주었다. 물론 과거에도 새로운 장르나 영역에 도전하는 출연자들의 모습을 꾸준히 볼 수 있었지만, 프라임 시간대 예능 프로그램에서는 '1인 중심'의 경험을 주요하게 다루지는 않았던 것을 고려한다면 생산 방식의 큰 변화라 할 수 있다. 이러한 제작 경향은 소셜

15 이동후, 앞의 책, 257-259쪽.

미디어를 통해 타인의 삶을 시청하는 습관, 자신의 삶을 전시하는 과정에서 경험하는 공감 등 대중의 미디어 이용 취향이 반영된 것이라 볼 수 있다. 레이먼드 윌리엄스(Raymond Williams)의 '흐름'으로서의 텔레비전이라는 개념, '계획된 흐름'이라는 기술적 특성은 텔레비전의 전성기에 그 지배력을 유지할 수 있는 최적의 방식이었으나, 디지털 기술의 발달로 인해 가장 먼저 해체된 특성이기도 하다. 디지털 기술은 이용자가 텔레비전의 계획된 흐름에서 벗어나 다양한 선택권을 누릴 수 있는 방향으로 산업을 변화시켰고, 이는 우리의 일상 그리고 미디어 소비 방식을 변화시켰다.[16]

지금의 대중은 다양한 미디어 플랫폼이 가진 상징적 특징에 따라 타자를 인식하고 지각하는 방식을 자신만의 방식으로 활용한다. 음악이 가진 즉각적인 반응을 이끌어내는 순간적 집중도와 무대 위의 화려한 퍼포먼스 등에 주목하고 공유할 수 있는 미디어가 바로 지금의 소셜미디어다. 케이팝 문화는 아이돌의 연습생 시절부터 현역 활동까지 '성장스토리'가 갖는 다이내믹한 스토리로 팬들의 마음을 움직이기에 충분하다. 따라서 소셜미디어가 갖는 정보전달의 효율성, 이동성, 보존성, 속도 등을 기획사도, 아이돌도 그리고 팬들도 잘 활용하는 시대가 되었다.

16 이희은(2019), 〈유튜브의 기술문화적 의미에 대한 탐색: '흐름'과 알고리즘 개념의 재구성을 중심으로〉, 《언론과 사회》 27(2), 12쪽.

3
디지털화된 친밀성과 케이팝 문화

케이팝 문화의 형성요인은 명확하게 설명하기 어렵다. 요인을 설명하기 위해서는 그만큼 사회적 상황에 대한 맥락적 이해가 전제되어야 하며, 사회적으로 구성되는 문화에 대한 이해가 있어야 가능하다. 레이먼드 윌리엄스는 문화를 '감정의 구조'라 정의한다. 구체화할 수 없는 문화를 분석한다는 것은 특정한 사례 속에서 사회의 일반 조직과 그 복잡성을 연구하는 것으로 상호작용을 주고받는 복합적 관계로서 인간 삶의 방식에 나타나는 패턴을 발견하는 작업이라는 것이다.[17] 이후 미디어가 대중화되면서 일상화된 '미디어 문화' 역시 체험적 경험으로서 삶의 한 부분이 되었다. 미디어를 통해 재현되는 다양한 상징적 의미들은 대중의 삶에 영향을 미치기도 하고 삶의 한 부분을 표현하는 등 구성원의

17 레이먼드 윌리엄스, 성은애 옮김(2007), 《기나긴 혁명》, 문학동네 참고.

삶을 기록하고 이를 해석하는 데 중요한 역할을 한다. 최근 미디어 테크놀로지의 발달로 글로벌 네트워크망과 멀티미디어 플랫폼이 구축됨에 따라 국가 내에서뿐만 아니라 국가 간 미디어 콘텐츠가 활발하게 유통되면서 초국가적 문화생산과 소비가 이뤄지고 있다. 지금의 대중문화는 글로벌 문화와 로컬 문화의 결합을 통해 다원화된 문화들이 공존하고 있으며, 미국 중심 글로벌 문화의 일방적 수용이 아닌 로컬 문화의 세계화를 의미하는 글로컬 문화의 성격을 갖는다.

한류(Korean Wave)는 오랜 기간 진행되어온 글로벌 문화의 내면화, 로컬 문화의 혼종화를 통해 생산된 것이라 볼 수 있다. 한류 문화 역시 특정한 시대의 집합적 경험이 녹아들어 있는 '감정의 구조'에서 기인한 문화 중 하나이기 때문이다.[18] 한류 탄생의 계기와 현재를 돌아본다면, 2000년대 초반 한국에서 제작된 드라마 〈겨울연가〉가 아시아지역에서 주목을 받았던 이유로 아시아 여성이라는 공동체, 동아시아라는 문화적 지리(cultural geography)를 형성하며 식민지의 경험, 유교문화라는 문화적 근접성(cultural proximity) 등이 제시되었다.

현재 한류로서의 케이팝 문화도 기존의 분석 원인들과 같은 선상에서 논의할 수 있지만, 케이팝이 인기를 끌 수 있었던 배경에는 국내 생산 주체들의 상업적이고 산업적인 움직임, 한정된

18 이종임(2013),《신한류와 문화이동의 지형학》, 논형, 16-17쪽.

장르에만 집중하는 한류문화의 획일화, 글로벌 문화와 로컬 문화의 교류 등 복합적 요인이 작동된 결과물이자 과정이라 할 수 있다. 이와 함께 2000년대 들어서부터 시작된 디지털 미디어 환경과 글로벌 네트워크망의 형성, 국내뿐 아니라 국가 간 미디어 콘텐츠가 활발하게 유통되면서 초국가적 문화생산과 소비가 가능해졌다는 원인도 주요하게 작용했다. 음악은 멜로디와 가사만으로도 각기 다른 사회적 환경, 문화적 경험, 인종 등 모든 것을 뛰어넘을 수 있는 특징을 지닌다. 케이팝은 음악, 댄스, 아이돌의 캐릭터와 매력 등이 뮤직비디오나 무대 퍼포먼스로 팬들을 매료시키기에 충분한 조건을 갖는다. 이러한 특징은 팬들의 음악 소비스타일 맞춤형으로 재구성된 콘텐츠로 생산된다. 음악에 매료된 팬들은 소셜미디어 플랫폼을 통해 제공되는 아이돌의 일상생활, 무대 준비 과정 그리고 멤버들과 함께 보내는 시간을 담은 영상 등을 일상적으로 소비하고 그 과정에서 친밀성을 느끼게 된다.

친밀성(intimacy)은 '가장 내적인(inmost)', '가장 깊은(deepest)'이라는 의미의 라틴어 최상급 '인티무스(intimuse)'에서 유래한 말로 1차적으로 지극히 개인적인 차원에서 한 사람의 영혼과 관계된 것 또는 내적인 감정, 사상, 기분, 신념을 의미한다.[19] '친밀성'이라는 개념은 20세기 말 가족구조 변동 및 가족 다양화 현상을 배경으로 서구의 사회과학 담론에서 중요한 개념으로 부상했

19 류도향(2020), 〈가족적인 것의 확장〉, 《인문사회과학연구》 21(1), 474쪽.

다.[20] 기든스(Anthony Giddens)는 《친밀성의 구조변동(*Transformational of Intimacy*)》(1992)에서 결혼과 자녀 재생산을 전제했던 근대의 '낭만적 사랑'이 개인의 선택, 평등, 호혜성에 기반한 '합류적 사랑(confluent love)'으로 전환되었다고 설명한다. 합류적 사랑은 자기-자율성 및 자아의 성찰적 기획의 실현을 목표로 하며, 상대방과 자신의 감정과 생각을 공유하고, 서로가 원하는 것을 표현하고 협상해가는 민주적 과정이 관건이라고 보았다. 그리고 인간의 감정으로서의 친밀성은 타자에 흡수되는 것이 아니라 그 사람의 특징을 아는 것, 그리고 자기의 특성을 활용 가능하게 만드는 것이라 설명한다. 친밀성 구조가 재구조화되면서 성(sex)과 성차(gender)뿐만 아니라 가족 관계를 비롯한 대인관계 맺기 방식의 변화를 모두 포함하는 개인 생활의 윤리 전반의 변화가 일어났다고 주장한다.[21] 기든스는 친밀성도 사회적 관계망의 영향을 받는 사회적 구성물이라고 볼 수 있으며, 시간이 흐름에 따라 변화한다고 보았다. 개인과 개인의 자유롭고 평등한 만남은 갑작스럽게 등장한 것이 아니라 오랜 시간에 걸쳐 형성되고 제도화된 개인주의를 토대로 한 서구식 친밀 영역의 자연스러운 귀결점으로 이해될 수 있다. 일루즈(Eva Illouz)는 자신의 저서 《감정자본주의(*Cold Intimay*)》에서 20세기 친밀성이 경제적 교환 관계로 변모하고

20 김혜경 외(2014), 《가족과 친밀성의 사회학》, 다산출판사 참고.

21 앤서니 기든스, 배은경·황정미 외 옮김(2003), 《현대사회의 성·사랑·에로티시즘: 친밀성의 구조변동》, 새물결, 103쪽.

있는 과정을 분석한다.[22] 20세기 후기 자본주의 사회에서 친밀한 관계는 자아의 존재론적 불안을 해소하고 인정 욕구를 충족시켜 주는 일종의 사회적 자본으로 간주된다. 현대인은 상대방에 대한 자율성을 유지하는 동시에 상대로부터 인정을 받아내야 하는 투쟁을 벌이면서 '거래', '투자' 같은 경제적 태도를 취한다. 이때 자아는 자신의 감정을 분류하고 저울질하고 통제하는 합리적 관리자가 되어야 한다. 사람들은 쓸데없는 감정을 소비하지 않고 안전한 범위 안에서 쉽고 편안한 관계를 맺는 데 익숙해진다.[23] 젤라이저(Viviana A. Zelizer)는 자신의 저서 《친밀성의 거래》에서 사적이고 독립적인 것으로 여겨지는 가족이나 친구 등의 친밀한 관계에도 경제적인 요소들이 밀접하게 얽혀있으며, 이는 쉽게 분리될 수 없는 것이라고 설명한다. '친밀성'이라는 감각은 순수한 감정이라고 볼 수 없다는 것이다.

그렇다면, 케이팝에서 팬들과 아이돌을 연결하는 '친밀성'은 어떤 특징을 지닐까. 우선, 케이팝에서 중요하게 작동하는 아이돌과 팬덤 간의 관계를 유지하는 친밀성은 준사회적 상호작용에 기반해 논의해볼 수 있다. 준사회적 상호작용 개념에 필수적인 것은 그 관계가 상상을 기반으로 하고 있다는 것이다. 대다수의 셀러브리티와 팬들은 실제로는 서로를 잘 알지 못하거나 얼굴을 마

22 에바 일루즈, 김정아 옮김(2010), 《감정자본주의》, 돌베개 참고.

23 류도향(2020), 〈가족적인 것의 확장〉, 《인문사회과학연구》 21(1), 477쪽 재인용.

주 보며 만나고 있지 않다. 중요한 점은 셀러브리티와 팬의 관계가 기본적으로 가상이라는 사실은 중요하지 않다. 팬의 감정, 그리고 그것이 팬의 생활양식을 구성하는 효과가 실제적이기 때문이다.[24]

그래엄 터너(Turner, 2014)[25]는 셀러브리티를 재현하는 미디어 전략 과정의 종합적 구성물로 설명한다. 셀러브리티는 판촉, 홍보, 광고를 통해 상품화되는 과정이자 미디어 작동의 근본적인 구조적 요소일 뿐 아니라 문화적 정체성이 교섭되고 형성되는 장소로서 설명한다. 셀러브리티가 생산되는 방식을 통해 미디어와 산업, 그리고 문화정체성의 형성 과정을 살펴볼 수 있다는 것이다. 케이팝의 문화정체성을 구성하는 것이 바로 아이돌과 팬덤 간의 친밀성 형성이며, 형성 과정에 여러 가지 요인이 복잡하게 작용한다. 대니얼 부어스틴(Daniel Joseph Boorstin)은 대중문화의 중요한 현상으로 셀러브리티의 부상을 지목했는데, 셀러브리티의 특징은 다음과 같다. 첫째, 미디어의 매개와 작용은 셀러브리티의 형성에 절대적인 필수조건이다. 둘째, 평범함과 연관된 친밀성이 그 어느 때보다 셀러브리티의 자질로 중요하게 간주된다. 셋째, 셀러브리티란 대중의 욕망을 자극하는 이미지이며, 그 자체가 이

24 크리스 로젝, 문미리·이상록 옮김(2019), 《셀러브리티: 미디어, 셀럽문화, 셀러브리티화에 대해》, 한울, 79쪽.

25 G. Turner (2004), *Understanding Celebrity*, Thousand Oaks, Calf: Sage.

미지로 제조되고 판매되는 상품이다.[26] 미디어의 영향력을 너무 강조했다는 비판을 받기도 했지만, 소셜미디어에 기반한 정보 공유는 짧은 주기의 셀러브리티의 소비현상을 가져왔다. 또한 보통 사람들이 셀러브티리가 되는 현상도 빈번하게 나타나게 되었고, 이러한 사회문화현상은 아이돌 산업에도 영향을 미쳤다. 팬들의 관심을 끌기 위해 아이돌은 소셜미디어를 통해 보통 사람의 이미지를 보여주고, 아이돌 오디션 프로그램의 흥행으로 아이돌 지망생이 스타가 되는 시대가 되었다. 따라서 지금의 아이돌이 팬들과 형성하는(형성해야 하는) '친밀성'은 과거 그 어느 때보다 중요한 성공의 기반이 되었다.

이미 아이돌 산업은 1990년대 후반 디지털 테크놀로지를 기반으로 친밀성이라는 감각을 촘촘하게 구조화하는 형태로 지금까지 이어지고 있다. 지속적인 커뮤니케이션과 정보 공유 등을 통해 팬덤의 공동체성 획득, 그리고 이러한 공동체성이 갖는 역동성의 근거는 디지털 미디어 공간이었다. 비슷한 취향을 가진 사람들이 함께 모여 정보를 공유할 뿐 아니라 다양한 감정적 교류를 할 수 있는 곳으로 구성원의 개인별 시간과 공간적 상황의 한계로 인한 차이와 어려움을 극복할 방법이 되었다. 팬미팅이나 콘서트 등 현실의 팬덤 활동은 단기적이고 일회성으로 끝날 가능

26 임명빈·김수정(2018), 〈인터넷 개인방송 BJ의 셀프 브랜딩 실천과 친밀성의 구성〉, 《사회과학연구》 29(3), 107쪽.

성이 컸지만, 디지털 공간을 통해 지속적이지만 느슨한 공동체를 구성할 수 있었다. 그뿐만 아니라 미디어 환경을 자신의 상황과 취향에 맞게 선택하고 이용하면서, 기존 매스 미디어의 특성과 디지털 네트워크의 특성이 재매개되면서 콘텐츠 생산과 소비 방식에 새로운 '장'을 열게 되었다.

미디어 환경은 자아 경험이 이루어지는 사회적 상호작용을 매개하는 사회적 맥락을 제공함으로써 개인이 행위 주체로서의 자신을 경험하는 데 영향을 미칠 수 있다. 정보에 대한 접근성은 서로 다른 시공간적 편향의 차이에 따라 달라진다. 정보전달의 효율성 등의 정도에 따라 타자를 형성하는 공동체의 구성이 달라지고, 미디어의 상징적 형식에 따라 타자를 지각하고 인지하는 방식이 달라질 수 있다. 매스 미디어 시대, 인터넷 시대, 그리고 소셜미디어 시대로 이동하면서, 각기 다른 시공간적 편향성과 공동체 형성 방식은 시기별 특징이 분류되기도 하지만, 소셜미디어는 기존 매스 미디어의 특성을 더욱 효율적으로 재매개한다. 대표적 사례로 유튜브는 기존의 방송영상, 현재의 개인 채널 영상, 아이돌 음악 등의 정보를 이용할 수 있는 환경을 제공한다. 구독하는 채널의 경우, 약속된 시간에 새로운 영상을 업로드하는 방식은 텔레비전의 편성 방식과 유사하다. 실시간으로 댓글을 남기거나 콘텐츠 시청 후 이에 대한 리액션 영상을 업로드하는 방식은 온라인 커뮤니티 내에서 정보를 재전유하는 방식과 유사하다. 소셜미디어 플랫폼은 각기 다른 서비스를 통해 이용자 유입의 동인이 되었는데, 현재는 경쟁이 심화되면서 대부분 비슷한 서비스를 제공하고 있다. 동영상 중심의 유튜브, 사진 이미지 중심의 인스타그램, 짧은 글을 공유하는 트위터(현재의 X)와 같이 각기 차별화된 정보제공 방식과 공유 방식을 지니고 있고, 여기에 라이브 방송이나 영상 공유 등 이용자가 원하는 서비스를 추가로 제공하는 방식을 취하고 있다.

미디어로 연결된 개인은 일대일, 일대다의 개인들과 연결되면서 일상생활, 아이돌 문화를 즐기는 방식, 사회정치적 문제 등 시시콜콜한 이야기부터 정치적 실천까지 함께한다는 즐거움을 인지하게 했다. 일례로 유튜브의 뮤직비디오를 보고 즐거워하는 리액션 비디오는 나와 같은 케이팝을 선호하는 사람들의 반응과 취향을 구체적으로 확인하고 공감하게 한다. 유튜브를 통해 케이팝 콘텐츠를 즐겨보는 이용자는 프로슈머로서의 역할을 수행한다. 기획사에서 생산하는 케이팝 관련 콘텐츠뿐 아니라 팬들이 생산하는 다양한 콘텐츠 생산이 지속적으로 이뤄지면서 '참여문화'를 형성한다. 참여자 간 공통의 취향, 동일한 콘텐츠를 소비하는 과정에서 친밀성을 형성한다. 케이팝은 아이돌과 글로벌 팬덤이 디지털 미디어를 매개로 상호작용하는 과정에서 형성되는 친밀성에 기반해 다양한 문화를 생산해내는 특징을 지닌다.

4
케이팝으로 재구성되는 한류

케이팝은 1990년대 후반 기획사 중심의 아이돌 음악이 시작된 이후, 아시아지역을 중심으로 2000년대 후반 유튜브 등 소셜미디어 플랫폼의 중요 콘텐츠로 부상했다. 서구사회에서 케이팝은 하위문화적 음악으로 분류되기도 했지만,[27] 유튜브를 통해 케이팝 관련 콘텐츠가 팬들의 의지가 담긴 콘텐츠로 재가공되고 소비되는 과정에서 팬들의 적극적 참여가 이뤄졌고, 그 결과 케이팝 음악에 대한 경제적·문화적 가치를 확보할 수 있었다.

한류 콘텐츠는 전통 미디어 유통채널에 의존하던 상황에서 유튜브, 넷플릭스 등 글로벌 미디어 플랫폼의 대중적 서비스가 이뤄지면서 광범위하고 빠르게 확산되었다. 드라마의 경우, 2000년대 초반 일본을 중심으로 2010년대에는 중국이 주요 시장으로

27 원용진·방희경·이준형·마리사 러키(2020), 〈'코리아부(Koreaboo)' BTS Universe가 미운 퍼즐 한 조각〉, 《한국언론학보》 64(4), 417-499쪽.

부상했다. 2013년 방송된 SBS 드라마 〈별에서 온 그대〉와 2016년 방송된 KBS 드라마 〈태양의 후예〉가 중국에서 큰 인기를 끌었다. 〈별에서 온 그대〉의 경우 중국 현지 온라인 동영상 사이트 아이치이(愛奇藝), PPS, 쒼레이 등에 판매돼 중국 팬들이 VOD 서비스를 통해 시청하면서[28] 방송편성에 기반한 시청 방식보다 더 많은 중국 시청자가 콘텐츠를 소비할 수 있었다. 한국 드라마의 사전제작 방식의 도입으로 한국과 중국에서 동시 방영이 가능해지면서 중국의 팬덤이 형성되었고, 이를 기반으로 한국 드라마에 중국 자본의 유입이 이뤄졌다. 실제로 2016년 드라마 〈태양의 후예〉는 NEW(Next Entertainment World)가 제작사로 참여했고, KBS가 편성해 방송했는데, 당시 제작사 NEW의 주요 주주가 중국의 화처미디어였고, 이 시기부터 본격적으로 한국 엔터테인먼트 분야에 중국 자본이 대거 유입되기 시작했다.[29]

유통구조도 빠르게 변화했는데, 드라마 같은 콘텐츠가 방송편성 계약이 아닌 VOD 서비스를 통해 소비되기 시작했다. 중국

28 장서윤(2014.2.20), "'별에서 온 그대' 열풍 어느 정도기에…". 〈텐아시아〉.

29 드라마 〈태양의 후예〉는 중국 수출을 염두에 두고 사전제작된 드라마다. 당시 중국이 TV 드라마에만 적용했던 사전심의제를 인터넷까지 확대 적용하면서 3개월 전에 작품 전체를 심의받아야 하기 때문에 그에 맞춰 미리 제작을 완료해야 했다. 이는 2~4회 드라마를 제작하고 방영하는 국내 제작 방식과 달랐다. 〈태양의 후예〉는 드라마 방영 전에 전체 승인을 받았고, 한국과 중국의 동영상 사이트 '아이치이'를 통해 동시에 방영되었다. 하지만 동시에, 한국 제작사에 중국 자본 잠식을 우려하는 논의도 많았다. 2020년 방영된 드라마 〈철인왕후〉가 역사왜곡 논란이 일었던 부분도 연관된 이슈로 국내에서 논란이 되기도 했다. 〈철인왕후〉는 중국 웹드라마의 리메이크 방영권을 구매해 기획한 작품이다.

시장 진출의 성공으로 세계 시장 진출의 발판을 마련한 한국 드라마는 글로벌 OTT 넷플릭스(Netflix)가 국내 서비스를 시작하면서 큰 변화를 맞이하게 되었다. 한국에서 제작된 콘텐츠가 글로벌 시청자를 대상으로 서비스할 수 있게 된 것이다. 이러한 미디어 시청 환경이 형성된 이후, 2021년 넷플릭스에서 방영된 드라마 〈오징어 게임〉의 전 세계적 흥행을 이끌었다.

이와 같이 한국에서 제작한 드라마, 영화 등의 콘텐츠가 전 세계에서 크게 주목받을 수 있었던 데는 미디어를 매개로 문화를 공유하고 소통하면서 감성 네트워크를 형성한 이용자의 역할이 크다. 디지털 미디어 환경의 시간적·공간적 상황에 맞춰 소통할 수 있다는 '편리함'이라는 장점이 이용자의 유입을 이끄는 요인 중 하나다. 이 과정에서 디지털 테크놀로지가 만들어내는 시공간 압축은 전 세계 각지에 흩어져 있는 수용자를 연결해 '가상 공동체'를 형성했으며, 각 미디어 채널을 통한 초국가적 문화교류는 각 개인이 경험하는 문화 경험의 범위를 확대했다. 특히 케이팝이 글로벌 시장에서 주목받을 수 있었던 이유는 비교적 문화할인율이 낮다는 점, 소셜미디어 환경에 기반한 인적 네트워크 구축이 훨씬 용이하다는 점 등이 작용했기 때문이다. 2012년 가수 싸이의 〈강남스타일〉이 유튜브에서 주목받고 이를 기반으로 전 세계에서 큰 인기를 끌었던 사례가 이에 해당된다. '콘텐츠-소비하기'에 충실했던 과거의 이용 방식에서 더 나아가 '콘텐츠-생산하기-공감하기'가 동시에 이뤄질 수 있었던 점이 〈강남스타일〉의 흥행에도 영향을 미쳤다. 많은 이용자는 〈강남스타일〉의 뮤직비디오에서 반복적으로 등장하는 춤을 지켜보는 데서 멈추지 않고 자신을 촬영한 영상을 업로드하기 시작했다. 그리고 자신들만의 콘셉트로 재구성해 콘텐츠로 제작해 공유했다. 이후 업로드된 영상을 보고 느낀 감상을 댓글로 남기면서 실시간에 가까운 소통이 이뤄졌다. 이를 계기로 자신의 노래와 춤을 담은 짧은 영상을 업로드하는 '챌린지 영상'은 '특별한 일'이 아니라 누구든지 참여할 수 있는 놀이가 되었고, 영상 생산 과정에서 느끼는 즐거움도 공유하게 되었다.

케이팝 생산 주체들은 글로벌 팬들을 대상으로 디지털 플랫폼을 적극적으로 활용해왔다. 여기에 소셜미디어 플랫폼과 글로벌 OTT 플랫폼이 콘텐츠 소비에 큰 영향을 미치면서 대중의 콘텐츠 소비 패러다임의 변화로 케이팝 음악은 이용자가 보여주는 '디지털 놀이'의 소재가 되었다. 특히 OTT와 숏폼의 영향력은 한류 콘텐츠 확산에 중요한 기반이 되고 있다. 케이팝 챌린지 영상을 생산하는 데 적극적인 10대와 20대의 챌린지 영상이 인기를 끌게 된 데는 틱톡 플랫폼의 영향이 컸다. 틱톡은 특히 10대가 즐겨 이용하는 것으로 알려져 있는데, 이를 반영한 사례가 〈틱톡 톱 50〉이다. 미국 음반 순위를 발표하는 빌보드는 틱톡과 협력해 음악의 조회 수, 사용자 참여, 노래를 사용해 만든 동영상 수 등을 기준으로 매주 틱톡에서 가장 인기 있는 노래를 선정한 〈틱톡 톱 50〉 순위를 발표하고 있다. 플랫폼의 가치를 유지하는 데 영향력이 큰 이용자의 취향과 반응을 반영한 사례라고 볼 수 있다. 틱톡의 영향력을 보여주는 틱톡 챌린지는 이용자가 보여주는 춤, 노래, 또는 특정한 행위나 활동 등을 따라 하도록 권장하는 형식의 동영상 콘텐츠를 의미한다. 챌린지는 특정한 해시태그를 동반하며, 이를 통해 해당 챌린지에 관한 동영상들을 쉽게 찾을 수 있다. 특히 틱톡의 알고리즘이 챌린지 콘텐츠를 이용자에게 추천하기 때문에 바이럴 마케팅 효과를 더욱 강화한다.[30]

현재 음악 즐겨듣기, 콘서트와 팬미팅 등을 통해 아이돌이 대중을 만나던 방식은 점차 변화를 겪기 시작했다. 더 넓은 시장으로의 진출을 위해 디지털 미디어 플랫폼에서 글로벌 팬들이 만나면서 콘텐츠는 음원에서 영상 중심으로, 아이돌의 IP(Interactual Property, 지식재산권)를 활용한 다양한 장르로의 확장이 이뤄지고 있기 때문이다.

한류문화가 형성되던 시기에는 국가 간 콘텐츠 교류와 팬덤 형성이 유발하는 문화적 현상에 주목했다. 문화적 유사성에 기반해 원인을 설명하기도 했다. 이후 인터넷을 기반으로 트랜스 미디어와 '스낵컬처(snack culture)'라 불리는 콘텐츠 이용 방식이 주류가 되면서, 케이팝 생산 주체들은 디지털 음원과 글로벌 팬덤을 대상으로 콘텐츠 개발과 아이돌의 활동을 확장하는 데 주력했다. 이후 메타버스, 인공지능 등의 기술 관련 산업이 발전하면

30 류한석(2023.9.30), "틱톡이 음악 산업을 움직인 방법", 〈주간조선〉.

서 케이팝 산업 역시 다양한 시도를 하기 시작했다. 기존의 아이돌 산업의 전형성을 벗어나 인간이 아닌 가상의 인물이 아이돌이 되는 가상아이돌 그룹이 등장했고, 한국인이 없는 케이팝 그룹도 데뷔해 활동하고 있다. 콘텐츠 산업의 교류, 방송 포맷의 수입과 수출 등 기존 방식으로서의 산업과 문화의 교류는 미디어 환경이 변화하면서 더 일상적이고 세분화된 영역으로 확장되었고, 새로운 기술이 케이팝 산업 분야에 적극적으로 활용되기 시작했다. 디지털 기술이 결합된 콘텐츠 교류는 속도성과 확장성을 획득하게 되면서 글로벌 이용자를 대상으로 다양한 케이팝 서비스를 선보이고 있다. 디지털 미디어 환경과 개인 중심의 콘텐츠와 정보 소비가 이뤄지는 지금의 문화에서 아이돌은 가장 최적화된 콘텐츠다. 국내에서 K-컬처 담론이 형성될 수 있는 이유도 소셜미디어를 통해 언어, 음식, 직업, 교육, 취미생활 등 일상의 모든 것을 공유할 수 있는 시대가 되었기 때문이다. 이용자는 자신과 다른 문화나 문화권의 일상 체험을 디지털 공간에서 간접적으로 경험할 수 있다. 이러한 디지털 환경에서 이용자는 아이돌 관련 모든 콘텐츠를 활용할 수 있게 되었고, 아이돌은 더 높은 경제적 가치를 지니게 되었다. 아이돌은 가수라는 전문성과 가족이나 친구 혹은 연인처럼 일상성을 공유하는 대상으로서 끊임없이 정보를 생산할 수 있는 대상이자 산업이다. 메타버스, 블록체인, 인공지능 등 기술의 가능성을 확인하고 재현하는 중요한 영역 중 하나가 아이돌 산업이 되고 있다.

Media tech/ \k-pop

2장
디지털 기술의 유입과 아이돌 산업의 변화

1
가성비와 챌린지 시대

1990년대 후반부터 시작된 케이팝은 아이돌, 기획사, 미디어 플랫폼, 콘텐츠, 팬덤 등의 관계성 속에서 발전해왔다. 케이팝은 편성된 시간에 방송되던 콘텐츠를 소비하던 시대부터 비선형적이고 동시다발적인 디지털 미디어 환경에 이르기까지 지난 30여 년간 미디어 생태계의 흐름과 함께 성장해왔다고 해도 과언이 아니다. 물론 이러한 흐름은 사실 케이팝 같은 음악 장르에서만 나타난 것은 아니다. 이미 콘텐츠 이용 방식에 미디어가 매개되면서 짧은 콘텐츠를 즐기는 문화가 나타났기 때문이다. 2007년 미국 IT 전문잡지 《와이어드(*Wired*)》는 스낵을 먹듯이 쉽고 빠르게 소비하는 작은 포맷이 중요한 문화의 경향이 될 것이라고 예측했고, 이를 '스낵컬처'라 설명했다.[1] 이용자는 이동시간, 휴식시간에

1 Nancy Miller (2007.3.1), "Minifesto for a New Age," *Wired*. http://www.wired.

N스크린 서비스로 제공되는 영화와 드라마, 예능 프로그램, 그리고 웹소설, 웹툰, 웹드라마 등 다양한 정보서비스를 즐길 수 있으며 이러한 환경에서 즐겨보는 콘텐츠가 바로 스낵컬처다. 기존의 콘텐츠가 생산자의 의도와 내용을 전달하기 위한 목적이 강했다면, 스낵컬처는 주목성을 추구하는 목적이 더 강한 특징을 갖는다. 채널이 많은 만큼 콘텐츠도 늘어났는데, 이 중에서 이용자의 관심을 끌기 위해 이용자 맞춤형 콘텐츠를 제작하는 데 집중하게 되었다.

소셜미디어를 매개로 이뤄지는 커뮤니케이션에 익숙해지면서 나타난 변화도 크다. 트위터(X) 같은 플랫폼으로 이용자 개인의 의견을 단문으로 주고받을 수 있게 되면서 빠른 의견 공유뿐 아니라 사회적 이슈를 확산시키는 등 사회적 의제 형성 경험이 달라졌다. 현재 우리 모두는 짧은 영상, 짧은 글 등을 취향에 따라 선택하며 동시다발적으로 활용하는 환경에 살고 있다. 특히, 코로나19 팬데믹 시기를 거치면서 온라인 공간에서 콘텐츠를 소비하고 공감하며 소통하는 방식은 일상생활에서 중요한 의례(ritual)가 되었다.

소셜미디어를 이용하면서 콘텐츠 소비 방식도 달라졌다. 이나다 도요시가 일본의 콘텐츠 소비 세태를 분석한 책《영화를 빨리 감기로 보는 사람들》(2021)에서는 영화를 빨리 감기로 보는 사

com/2007/03/snackminifesto/

람들의 콘텐츠 시청 습관을 관찰하고 시대적 상황과 연결지어 분석한다.[2] 이나다 도요시가 인터뷰를 진행한 결과를 살펴보면, 미디어 이용의 트렌드를 확인할 수 있다. "주인공 서사만 관심 있기 때문에 주인공과 관련없는 장면은 빨리 감기 한다", "원작을 봐서 원작에서 좋아하는 부분만 보통 속도로 본다", "해피엔딩인 것을 빠르게 확인하고 다시 보고 싶으면 그때 제대로 본다", "대화를 나누지 않거나 풍경만 나오는 장면은 건너뛴다"는 등의 대답을 통해서도 알 수 있듯이, 영상작품의 공급 과다, 시간 가성비 지향, 대사로 모든 것을 설명하는 영상 작품의 증가 등이 영상을 빠른 속도로 시청하기 원하는 이유로 제시되었다.

방송편성과 극장 상영을 목적으로 제작된 콘텐츠는 많은 시간을 투자해야 하는데, 여러 플랫폼을 넘나들며 콘텐츠를 소비해야 하는 지금의 이용자는 가성비를 고려해 효율적으로 시간을 활용하면서 콘텐츠를 소비한다. 음악 콘텐츠 역시 스트리밍 플랫폼을 이용하고 유튜브 등 플랫폼을 통해 뮤직비디오, 챌린지 영상, 아티스트의 일상생활을 함께 시청하는 방식이 익숙해지면서 플랫폼도 그에 부합하는 서비스를 제공하기 시작했다. 유튜브의 숏츠, 인스타그램의 릴스, 짧은 영상을 공유하는 틱톡 등의 플랫폼은 특히 케이팝 관련 영상을 공유하고 소비하는 데 최적화되어 있다. 그중에서도 최근에는 틱톡 이용자 수가 증가하고 있다. 틱

2 이나다 도요시, 황미숙 옮김(2022), 《영화를 빨리 감기로 보는 사람들》, 현대지성.

톡의 전 세계 이용자 수는 16억 명이 넘는 것으로 알려져 있다. 15초 이내의 짧은 순간에 이용자의 관심을 끌 수 있고, 다른 영상으로 넘어가는 시간의 가성비가 높기 때문이다. 또한 카카오 메신저나 페이스북, 이메일 등 다른 플랫폼으로의 이동도 비교적 쉽고, 영상을 자신이 원하는 방식으로 편집하기 쉬운 기능을 제공하기 때문에 이용자의 호응도 높다.[3] 숏폼은 미국의 10대를 중심으로 인기를 끌며 빠르게 성장했다. 유튜브나 인스타그램이 숏폼 서비스를 시작하게 된 계기도 틱톡 이용자의 급증을 따라잡기 위해서였다. 데뷔한 지 넉 달 만에 빌보드 메인 싱글차트 핫 100에 이름을 올린 걸그룹 피프티피프티도 유튜브, 틱톡 등의 플랫폼을 통해 적극적으로 활용한 결과라 평가받는다. 케이팝 챌린지는 노래나 특정 안무의 킬링 포인트를 동료 연예인이나 일반인이 커버 영상을 촬영해 소셜미디어를 통해 공유하는데, 일종의 밈(meme) 영상처럼 다른 사람들이 출연하는 유사한 내용의 콘텐츠로 구성된다. 이를 인스타그램이나 틱톡에 공유하고 반응하는 형식으로 조회수를 통해 순위를 매긴다. 국내의 경우 2020년 지코의 '아무노래' 챌린지가 큰 인기를 끌게 된 이후 많은 국내 케이팝 가수들은 신곡을 홍보하기 위해 챌린지 영상을 많이 촬영하고 있는 추세다.

케이팝은 음악을 듣는 것뿐만 아니라 짧은 영상 소비, 그리고

3 정서영(2024.4.30), "'1030 놀이터' 틱톡도 韓 이커머스 상륙 준비", 〈동아일보〉.

다양한 챌린지 영상 등을 생산하고 공유할 수 있게 되면서 다양한 플랫폼을 동시에 이용하며 콘텐츠를 즐길 수 있게 되었다. 또한 디지털 미디어를 즐겨 이용하는 이용자의 취향에 부합하는 접근성을 갖는다. 아이돌의 뛰어난 보컬이나 댄스 실력을 '개인'이 커버하게 되면서 '노력'을 인정받는 과정이 될 뿐 아니라 '놀이'가 된다. 케이팝은 언어와 문화, 인종, 국가라는 사회적 구분기준으로부터 자유로울 뿐 아니라 소셜미디어는 이러한 경계없음을 구체적으로 체험하게 하는 중요한 수단이 되었다.

소셜미디어 플랫폼을 활용해 케이팝을 '역동적으로' 즐길 수 있게 되면서 케이팝 팬을 구성하는 지역과 문화의 경계는 점차 모호해졌다. 한국콘텐츠진흥원의 〈2023 음악 이용자 실태조사〉에 따르면, 지난 3년간 음원 스트리밍을 통해 음악을 이용한다고 응답한 수치는 63~67%였던 것에 비해 온라인 동영상 사이트를 통한 음악 이용 결과는 80%를 넘은 것으로 나타났다. 유튜브를 통해 지역과 언어의 경계가 없어지고 전 세계인을 대상으로 한 무한경쟁이 시작되면서 케이팝은 이전과는 다른 형태의 시장이 형성될 것이라 전망했다. 유튜브를 통해 케이팝 소비가 가능해지면서 전 세계 이용자에게 케이팝 음악을 전달할 수 있는 루트가 형성되었다. 실제로 유튜브에 공개된 아티스트 관련 영상 조회수를 기준(2021년 8월부터 2022년 7월까지)으로 살펴보면, 케이팝 소비 지역을 조사한 결과 아시아가 가장 높았고, 남미, 유럽, 북미, 아

프리카, 오세아니아 순으로 나타났다.[4]

케이팝 팬들이 음악을 즐기는 과정에서 소셜미디어 플랫폼은 중요한 매개적 역할을 하고 있음을 알 수 있다. 뮤직비디오를 보고 리액션 영상을 공유하기도 하며, 아이돌의 퍼포먼스를 직접 체험한 커버 영상을 함께 보고 즐기기도 한다. 지금의 이용자는 정보를 수집하고 소비하는 데 '가성비' 콘텐츠를 선호할 뿐 아니라 속도, 시간, 공간, 정보의 특성 등을 자신의 기호에 맞게 소비하는 데 디지털 기술을 적극적으로 활용하고 있다.

디지털 플랫폼을 통해 음악을 알리는 챌린지 영상이 주목을 받고, 챌린지 영상을 매개로 음악에 대한 대중의 관심을 끌게 되면서 바이럴을 위한 챌린지 영상은 홍보를 위해 필수로 수행해야 하는 공식이 되었다. 경쟁이 심화되면서 노래 한 곡의 무대보다 짧은 영상 챌린지가 더 큰 효과를 나타내기 때문이다. 이러한 상황이 지속되면서 주객이 전도되는 상황이 나타나고 있다. 챌린지에 적합한 노래를 만들기 위해 3분 이내로 짧게 노래를 만들거나 인트로 없이 바로 시작하는 것이 최근 케이팝의 특징이 되었기 때문이다. 아이돌 관련 영상에서 여러 번 공개되었지만, 음악방송 대기실에서 아이돌 그룹끼리 품앗이를 하며 신곡을 함께 추는 챌린지 작업이 이뤄진다. 틱톡 챌린지 영상을 잘 찍어야 하는 것은 참여하는 아이돌에게는 부담이 된다. 아이돌 스스로도 챌린지 문

4 한국콘텐츠진흥원(2023), 〈2023 음악 이용자 실태조사〉, 5-7쪽.

화가 갖는 효과는 높지만, 과몰입된 상황에 대해서는 비판적 목소리를 내고 있다.[5] 숏폼 영상이 인디 뮤지션이나 데뷔 아이돌에게는 활용도가 높은 수단이기도 하지만, 과열화되는 챌린지로 인해 다른 그룹의 안무를 빠르게 습득하고 미션을 수행하는 과정도 아이돌의 능력을 판단하는 평가의 기준이 되고 있다. 디지털 환경에서 가성비와 챌린지라는 특징은 짧은 시간에 다수의 대중에게 음악을 알리는 효율적 수단이었지만, 현재는 아이돌 음악을 즐기는 대중이 함께한다는 '참여'의 의미보다 아이돌의 능력을 평가하는 기준으로 활용되고 있는 상황이다.

5 류지운(2024.5.11), "숙제일까 기회일까 … 주객전도 된 챌린지", 〈데일리안〉.

2
K-컬처에서 재현되는 문화다양성

한국의 대중문화가 해외에서 주목을 받으며 콘텐츠 소비뿐 아니라 관광, 언어, 교육으로 이어지고 음식, 패션, 뷰티 등 다양한 일상적 삶의 형식까지 관심을 받는 시대가 되었다. 처음 이러한 문화가 시작될 때는 한류(Korean Wave), 신한류(New Korean Wave) 등으로 불리며 담론이 형성되었는데, 해외에서 케이팝의 성공이 이어지면서 'K-컬처'라는 용어로 한국 대중문화의 성공을 표현하는 시대가 되었다. 한류가 "한국의 드라마, 영화, 케이팝(K-Pop) 등의 대중문화가 해외에서 인기를 끄는 현상'"으로 정의되는 것에 비해, 정부 문화정책 관계자들과 언론의 적극적인 호응 아래 사용되는 것이 K-컬처다. 드라마가 아시아에서 인기를 끌고, 케이팝이 해외에서 인기를 얻을 수 있었던 시작은 '우연한' 팬덤 형성이었다. 당시 대중음악이나 드라마 콘텐츠는 해외 시청자나 팬들을 대상으로 기획하지 않은 내수형 콘텐츠였다. 하지만 아시아를 시작으로 해외 팬들이 형성되기 시작하면서 관련 문화 산업 시스템은 좀 더 체계화되었다. 이후 디지털 미디어를 통해 해외 문화교류가 더욱 일상화되면서 한류 콘텐츠는 해외 팬들을 고려하기 시작했다. 김수정(2023)은 K-컬처가 한국문화를 '순수한' 것으로 포장하고 싶어 하지만 문화는 늘 혼종적인 것이고 그로 인해 내적 긴장과 발명이 공존하는 과정에서 문화의 역동성이 생겨난다고 설명한다.[6] 그중에서도 케이팝은 이러한 혼종성이 가장 상업적으로 성공한 사례라 볼 수 있다. 지금의 'K-컬처'가 형성될 수 있었던 배경으로는 케이팝의 영향이 크기 때문이다. 예측하기 어려운 음악적 변주, 실험적 구성, 다양한 퍼포먼스, 가사와 춤의 파격적 시도 등은 아이돌 음악이 갖고 있는 차별성이라는 특징으로 다양한 실험과 도전이 가능했고, 문화의 혼종적 특성이 가장 자연스럽게 드러나게 되었다. 이러한 특징을 기반으로 국내뿐 아니라 해외 팬들의 관심을 받을 수 있었다.

K-컬처는 2010년대 초에 케이팝을 넘어선 다양한 문화콘텐츠를 지칭하는 의미로 사용되었다. 최근 들어 드라마, 영화, 방송 프로그램과 함께 사용하게 되면서 K-컬처라는 용어는 광범위하게 사용되기 시작한 것으로 보인다. 글로벌 OTT 플랫폼에서 볼 수 있는 한국의 드라마, 영화 등이 해외에서도 주목을 받고

6 김수정(2023), 〈K컬처는 존재하는가: 문화는 '섞음의 미학' 통해 발전 문화민족주의는 경계해야〉, 《신문과 방송》 5월호.

다양한 문화현상이 나타나면서 K-컬처라는 용어는 더욱 보편적으로 사용되고 있다. 봉준호 감독의 영화 〈기생충〉이 2019년 칸 영화제에서 수상하고 2020년 제92회 미국 아카데미 시상식에서 4개 부문을 수상한 사례, 넷플릭스 오리지널 드라마 〈오징어 게임〉이 2021년 스트리밍을 시작해 전 세계적으로 주목을 받았고 미국 에미상 시상식에서 6관왕을 차지한 결과 등이 영향을 미쳤다. 케이팝으로 시작된 글로벌 팬덤 형성과 소셜미디어에서 소비되던 흐름은 영화와 드라마 흥행으로 이어졌고, 한국 문화에 대한 관심으로 이어지게 되었다.[7] 이를 두고 한류가 아시아 경계를 넘어 전 세계를 대상으로 지리적 확장에 성공한 시기[8]라고 정의하기도 한다. K-컬처의 'K'에 대한 정의의 모호함에 대해서는 많은 비판적 논의가 존재한다. 이규탁(2020)은 전통적인 의미에서의 한국성이라기보다는 문화혼종을 바탕으로 형성된 현대적이고 새로운, 그러나 여전히 한국의 정치적·경제적·문화적·사회적 맥락과 단단히 묶여 있는 한국성이라고 설명한다.[9] 이러한 '한국성', '한국의 문화'는 'K'라는 키워드를 중심으로 글로벌 OTT, 소셜미디어 플랫폼을 통해 확산되었다. 우리가 경험하는 일상적 문화교류는 소셜미디어 플랫폼이 중요한 매개적 역할을 수행하는데, 초

7 박소정(2022), 〈확장하고 경합하는 K〉, 《한국언론학보》 66(4), 144-186쪽 참고.

8 이성민(2022), 〈K가 갖는 환상과 본질: 'K-'의 모호함을 넘어, K- 다음을 고민하기〉, 《HALLYU NOW》 51, 한국국제문화교류진흥원, 17쪽.

9 이규탁(2020), 《갈등하는 케이, 팝》, 스리체어스, 29쪽.

국적 문화교류가 이뤄지는 환경에서 형성되는 문화교류의 체험은 문화혼종적·횡단문화적 교류를 가능하게 한다. 이러한 환경에서 한국 문화로서의 'K'가 부각되는 것 혹은 이를 강조하는 방식 등은 문화적 차별성을 유지하는 방식으로 읽히기도 하고 경합이나 갈등하는 문화의 특성보다는 '확장성'에만 주목하는 생산방식이 갖는 부작용으로 인해 비판받기도 한다. 정보 교류의 방식이 속도성을 갖게 되고 트렌드를 따르는 것이 중요해지면서 정보를 소비하는 과정에서 윤리, 문화적 차이에 대한 이해 등을 고려하지 못하는 경우가 종종 나타나기 때문이다.

문화 산업은 속성상 수익성을 고려해 제작할 수밖에 없기 때문에 제작 과정보다 제작 결과물의 경제적 가치에 주목한다. 경제적 가치 추구 과정에서 여러 불협화음이 나타나면서, 상업적 흐름에 대해 케이팝 팬들은 꾸준히 비판의 목소리를 내왔다. 특히 아이돌 팬들은 문화다양성에 대한 이해를 중요하게 생각하고 있으며, 인종차별이나 젠더 차별 이슈에 대한 해시태그 운동에도 적극적으로 참여한다.

국내에서 제작되는 드라마, 영화, 케이팝 무대 퍼포먼스 등이 문화적 다양성에 대한 고려 없이 제작되었다는 것이 포착될 경우 팬들은 즉각적으로 이를 비판해왔다. 대중문화콘텐츠는 다양한 플랫폼을 통해 시청 가능할 뿐 아니라 비판적 의견을 게시하는 채널이 다양해짐에 따라 문제적 상황에 적극적으로 비판할 수 있기 때문이다. 스튜어트 홀(Stuart Hall)이 대중문화는 지배층과 피

지배층이 자신의 헤게모니를 위해 끊임없이 투쟁하는 장소라고 설명했듯,[10] 케이팝과 아이돌 문화는 복잡한 층위의 갈등과 저항 문화를 생산한다. 1990년대부터 시작된 팬덤 활동은 지금까지도 이어지고 있다. 따라서 자본과 기술에 포섭되지 않고 문화를 올바로 이해하기 위해 지금 우리는 세계화된 보편 논리 중심적 사고를 기준으로 삼으면서 사회 질서와 권력관계의 불평등을 당연한 것으로 받아들이는 방식을 비판할 수 있어야 한다. 그리고 이러한 능력을 갖추기 위해서는 문화다양성에 대한 올바른 이해가 전제되어야 한다.

지난 2005년 유네스코 총회에서 통과된 "문화적 표현의 보호와 증진을 위한 협약"은 미국 중심의 대중문화 확산에 맞서는 연대 정신을 담고 있다. 그리고 문화다양성의 실현은 '차이(difference)'와 '공존(coexistence)'의 상호이해 속에서 정의될 수 있다. '차이로서의 문화다양성'은 문화다양성을 구성하는 서로 다른 요소들의 공존을 의미한다. '공존으로서의 문화다양성'은 차이의 인정을 통한 평등의 가치를 지향한다. 서로 다른 계층, 인종, 세대, 성차, 취향이 갖는 차이를 인정하지 않고서는 함께 어우러지기 어렵다. 그리고 미디어 콘텐츠 역시 세계화된 보편적 논리로 세상을 바라볼 것인지 혹은 문화다양성에 기반한 공존의 가치가 갖는 힘을 이해할 것인지 사회적 가치를 결정하는 데 큰 영향

10 스튜어트 홀, 김용규 옮김(2021), 《문화연구 1983》, 현실문화.

을 미친다.

문화다양성은 미국 중심의 대중문화 산업이 전 세계에 영향을 미치면서 각국의 문화가 위기를 맞게 된 상황을 극복하기 위해 제안되었고, 국내의 경우 다문화 현상이 갖는 부정적인 의미를 해소하기 위해 활발히 차용되었다. 현재는 다문화 현상뿐 아니라 성별, 세대별, 지역별, 문화적 문제로 확대되었다. 문화다양성이 중요한 이유는 실험 다양성, 상상력, 창조성을 고무하기 때문이다.[11] 문화정체성은 이미 완성된 사실, 본질이 아니라 언제나 과정 속에 있으며, 완결될 수 없는 것이다. 이러한 문화정체성에 대한 관점을 기반으로 하는 문화다양성은 다른 문화에 대한 인정과 이해, 그리고 유연한 태도를 지향하기 때문에 중요하다. 그리고 전 세계 모든 이용자와 만나는 한류문화 역시 문화다양성이라는 시각에서 상업적 주류 문화보다 공존과 연대의 가능성을 찾을 수 있는 역할을 고려해야 한다. 앞서 살펴봤듯이, 한국에서 문화다양성은 다문화에 대한 편견을 극복하기 위해 제안되었지만, 여전히 우리 사회에 존재하는 성별, 세대별, 지역별, 문화적 고정관념에 균열을 내는 데 중요한 기준점이 된다. 그리고 현재 한류 담론인 'K-컬처' 관련 콘텐츠에도 적용 가능한 기준이 되었다.

'K-컬처'라는 한국의 대중문화는 우연한 기회에 아시아지역

11 이동연(2021), 〈예술한류의 형성과 문화정체성: '이날치' 현상을 통해서 본 문화 세계화〉, 《한국예술연구》 32, 53-74쪽.

에서 형성된 '한류문화'에서 시작되었다. 한류문화는 1990년대 후반부터 현재까지 다양한 미디어 채널을 통해 유통·소비되어왔고, 현재는 서구사회에서도 주목받는 글로벌 문화로서의 기준을 획득하게 되었다. 하지만 한류문화 산업의 빠른 성장과 서구화된 인정기준을 중요시한 결과, 문화적 차이를 이해하고 공존하는 방법을 고민할 시간적 여유를 갖지 못했다. 문화다양성에 대한 이해가 중요한 이유는 문화콘텐츠에 담긴 가치관이 국가 간 정치적·역사적 갈등 상황을 더 증폭시키기도 하고, 사회적 약자와 문화적 편견을 가진 권력을 비판할 수 있는 역할을 하기 때문이다. 무엇보다 현재는 소셜미디어를 통해 관련 정보나 문제적 상황이 빠르게 확산될 수 있고, 이용자의 피드백도 적극적이기 때문에 고정관념이나 차별적 가치관이 반영된 콘텐츠는 비판의 대상이 된다.

국내에서 제작되는 콘텐츠의 경우, 글로벌 팬덤의 요구와 피드백에 귀를 기울이고 문화다양성의 요소들을 고려하기 시작했다. 물론 사회에서는 여전히 편견에 기반한 차별이 팽배하지만, 그럴수록 온라인 공간에서 이용자의 비판의견은 더욱 늘어난다. 이러한 환경이 형성될 수 있었던 이유는 이용자가 글로벌 플랫폼으로 연결되어 있고, '정치적 올바름(Political Correctness)'에 대한 요구가 점차 커졌기 때문이다.

일례로 2017년 미투 운동, 2020년 '블랙 라이브스 매터(Black Lives Matter)' 그리고 아시아인 증오범죄 반대운동 등은 차별과 혐오가 일상적으로 우리 삶의 깊은 곳에 존재하고 있을 뿐 아니라 이 문제가 얼마나 심각한 결과를 초래하는지를 인지하게 했다. 이러한 사회 운동은 일반 시민, 이용자가 주도적으로 비판적 논쟁을 주도하거나 시위에 참여하기도 했으며, 온라인 해시태그 운동 등으로 사회적 관심을 이끌어냈다. 케이팝 팬과 가수들이 인종차별 관련 문제에 목소리를 내고 사회정치적 이슈에도 동참하면서 대중문화 생산 주체, 소비 주체도 사회운동에 동참하기 시작했다. 이러한 실천운동은 대중문화 콘텐츠에도 영향을 미쳤다.

국내에서 제작된 콘텐츠 내용에 문화적 차이를 고려하지 않은 한류 콘텐츠에 대해 비판적 의견을 적극적으로 표출하는 사례도 적지 않다. 일례로 드라마 〈라켓소년단〉(SBS, 2021)은 극중 주인공이 인도네시아 자카르타에서 경기하는 과정에서 숙소뿐 아니라 경기 상대인 인도네시아를 비난하는 장면이 방송되었고, 인도네시아의 많은 시청자가 드라마 내용을 문제로 삼으며 SNS를 통해 항의했다. 드라마 〈펜트하우스 3〉(SBS, 2021)에서도 주인공이 흑인 피부와 레게머리 분장을 한 장면을 두고 인종차별 논란이 일었다.[12] 한국 사회에서 오랫동안 소비된 미국 문화와 서구화된 시각이 자연스럽게 우리의 삶에 내재되면서[13] 아시아인과 흑인에

12 정은미(2021.7.22), "레게머리가 인종 차별? … 때아닌 논란 휩싸인 한류 스타", 〈연합뉴스〉.

13 조영헌·조영한(2020), 《옐로우 퍼시픽: 다중적 근대성과 동아시아》, 서울대학교 출판문화원; 이종임(2013), 《신한류와 문화이동의 지형학》, 논형.

대한 차별을 담은 콘텐츠를 거르지 못한 것이다. 한류가 문화다양성을 고려하지 못하고 세계시장 성과에만 집중할수록 케이팝 및 한국 문화에 존재하는 인종차별적 표현 및 관습(그리고 이들에 대한 한국인의 무감각 내지 관대함)은 지속적으로 비판을 받게 될 것이다. 일례로 지난 2017년 아이돌 그룹 마마무가 흑인 분장(blackface)[14]을 하고 무대 위에 올라 대중으로부터 비판을 받았다.

이러한 콘텐츠가 비판의 대상이 된 이유는 모두 흑인, 아시아인에 대한 서구사회의 차별적 시각을 그대로 재현했기 때문이다. 흑인 분장은 과거 아프리카계 미국인에 대한 폭력과 억압을 코미디라는 이름으로 정당화한 역사의 상징이다. 미국 등 다인종 국가에 사는 흑인은 이런 분장을 보고 역사적 핍박과 차별을 기억해낼 수도 있다.[15] 인종차별에 대한 역사적 이해가 있었다면 흑인 분장을 한 아이돌이나 드라마 속 장면들은 등장하지 않았을 것이다. 따라서 한류를 적극적으로 소비하는 글로벌 팬덤과 함께하기

14 미국에서 흑인 분장은 1832년 토머스 다트머스 라이스가 뉴욕의 극장에서 악극 〈점프 짐 크로우(Jump Jim Crow)〉를 공연할 때부터 미국 대중문화가 되었지만, 민스트럴쇼처럼 백인 배우가 흑인 분장을 한 공연은 남부에서 행복하고 멍청한 흑인 노예의 고정관념을 강화하고 대중화시켰다는 비판을 받아왔다. 최근 미국의 정치인들도 과거 흑인 분장을 한 사진이 SNS를 통해 알려지면서 큰 비판을 받기도 했다. 이처럼 미국 인종차별의 역사를 흑인 분장을 통해 알 수 있다. 성혜미(2019.2.8), "'흑인 분장'에 들끓는 美 … "인종차별적 고정관념을 오락에 활용," 〈연합뉴스〉; How Blackface Feeds White Supremacy, *The New York Times*, 2019.3.31. 참조.

15 신혜정(2017.3.7), "마마무의 '흑인 분장', 왜 안 된다는 걸까?", 〈한국일보〉.

위해서는 인권과 인종 그리고 젠더 감수성에 대한 인식이 필요하다.

한류문화가 확산되는 동안 국내에서는 글로벌 팬덤의 규모나 아이돌 가수를 키워낸 기획사의 자산가치 등 경제적 성과에 주목했다. 물론 그러한 노력에 대한 성과에 주목하고 경제적 가치를 높게 평가하는 것은 당연한 일이기도 하다. 하지만 동시에 한류문화콘텐츠 이용자의 일상 문화를 이해하고, 콘텐츠에 반영하려는 노력도 있어야 했다. 이를 간과할 경우 고정관념에 기반한 문화 표현과 인종차별적 언어 표현이 담긴 콘텐츠를 거르지 못하게 될 것이다. 문화적 가치를 상업적 기획만으로 생산할 수는 없다. BTS가 글로벌 팬덤을 형성하게 된 데는 여러 이유가 있지만, 해외 팬들은 BTS의 음악이 획일화된 서구식 팝이 아닌 한국적 독특함을 담고 있으면서도 자신들과 공감할 수 있는 주제가 담겨 있기 때문이라고 답한다.[16] 그리고 이러한 팬들의 반응은 문화다양성의 가치인 공감과 연대, 차이의 공존이라는 기준과 맞닿아 있다.

지금의 한류문화는 과거 그 어느 때보다 '문화적 이해'가 중요하다. 전 세계의 이용자를 연결하는 글로벌 미디어 플랫폼 환경을 적극적으로 활용할 수 있고, 다양한 문화를 경험하는 세대가 한류 팬들이기 때문이다. 한류가 폭넓은 문화의 장으로서의

16 김영대(2018), 〈하위문화로부터 탈한류 담론의 가능성까지: 케이콘과 방탄소년단을 중심으로〉; 이기형 외(2018), 《문화연구의 렌즈로 대중문화를 읽다》, 컬처룩.

역할을 하기 위해서는 케이팝의 주요 아이돌 그룹뿐 아니라 다양한 아티스트가 활동할 수 있는 환경이 마련되어야 한다. 한류문화의 다양성은 구성원의 다양성, 콘텐츠의 다양성 등 다각적인 분야에서 노력해야 가능할 것이다. 그리고 한류문화 콘텐츠에 담긴 문화적 편견이 야기하는 파장에 대한 진단도 함께 이뤄져야 한다. 또한 문화적 차이를 인정하고 공존을 지향하는 문화다양성이 한류문화 콘텐츠의 중요한 가치로서 작용해야 한다. 이미 케이팝 팬들은 페미니즘 운동, 인종차별 운동 등에 적극적으로 참여하면서 다양성 가치를 실현하기 위해 노력하고 있다.

3
케이팝 생산 과정의 변화

아이돌의 성장 동력,
팬덤의 돌봄

케이팝이 아시아에서 주목받은 2000년대 당시에는 '문화적 근접성'으로 인기 요인을 찾곤 했는데, 특히 아시아 문화라는 동질성이 인기 요인으로 설명되었다. 이후 아시아를 넘어 서구사회에서도 케이팝 팬덤이 형성되었고, 영향력도 커졌다.

케이팝 아이돌이 K-컬처를 이끄는 주체가 되면서, 아이돌을 소재로 대중의 관심을 끌 수 있는 프로그램이 많이 기획되었다. 그중에서도 아이돌 연습생이 아이돌로 데뷔하는 오디션 프로그램이 크게 성공했다. 오디션 프로그램이 주목받았던 이유는 시청자와 팬덤의 참여, 아이돌 데뷔 과정에 담긴 성공서사, 실시간으로 나타나는 순위 등이다. 아이돌과 아이돌 연습생의 미디어 노출 빈도가 커질수록 아이돌로 성공하기를 원하는 10대도 늘어나고, 아이돌을 육성하려는 기획사 수도 늘어났다. 아이돌의 성장 과정은 기획사에서 공개하지 않았던 아이돌 연습생을 볼 수 있다는 장점뿐 아니라 아이돌 데뷔 과정을 실시간으로 시청할 수 있는 매력으로 인해 지금까지도 제작되고 있다.

본격적으로 아이돌 연습생을 방송에서 주목한 계기는 〈프로듀스 101〉(Mnet, 2016)이 방송되면서부터다. 물론 엠넷은 과거에도 대형 기획사 소속 연습생의 데뷔 과정을 담은 리얼리티 프로그램을 많이 제작했다. 대표적으로 2013년 YG엔터테인먼트 연습생들의 오디션 프로그램을 다룬 〈WIN-Who is Next〉, 2015년에는 JYP엔터테인먼트 연습생들의 오디션 과정을 보여준 〈Sixteen〉 등이 방송되었다. 대형 기획사 소속 연습생들의 데뷔 결정 오디션 프로그램이 인기를 끈 이유는 베일에 가려져 있는 연습생을 방송을 통해 직접 볼 수 있기 때문이다. 또한 대형 기획사가 소속사 연습생을 방송으로 노출하는 전략을 선택하는 이유는 데뷔 전부터 팬덤을 형성할 수 있는 점을 적극 활용하기 위해서다.

한 기획사에 소속된 아이돌 연습생의 오디션 과정을 주목하던 과정에서 기획사가 없는 연습생, 기획사에 소속된 연습생 등 아이돌이 되기를 희망하는 10대들의 '열정'과 '성실함'을 보여줄 수 있는 프로그램이 본격적으로 제작되었다. 아이돌 연습생의 데뷔 과정에 대중이 참여한다는 오디션 프로그램의 구성은 탄탄한 팬덤 형성, 많은 연습생 간의 경쟁과 성공이 갖는 극적인 요소가 결합되어 성공적인 시청률을 만들어냈다. 2016년 제작된 엠넷의 〈프로듀스 101〉의 시즌1은 크게 성공했고, 이후 시리즈로 방송될 수 있는 중요한 동인이 되었다. 아이돌 오디션 프로그램은 다양한 변주를 시도했고, 걸그룹, 보이그룹, 다국적 그룹 등으로 변화를 꾀하며 제작되었다. 〈프로듀스 101〉 시리즈는 출연자의 데뷔가 시청자의 선택에 달린 절대적 의존관계여서 타 프로그램과는 차원이 다른 고밀도의 애착관계로 발전하게 했다. 출연자는 순위를 결정하는 표를 던질 수 있는 시청자의 마음을 얻기 위해 갖은 방법으로 매력을 어필하고, 시청자는 자신의 이상형에 가까운 출연자에게 유사연애 감정을 느끼며 좋아하는 출연자의 데뷔를 위해 기꺼이 시간과 돈을 투자했다.[17] 이처럼 아이돌 연습생들의 성공을 마음으로 지지하고 시간과 돈을 아낌없이 투자하던 시청자와 팬들은 오디션 프로그램의 순위에 의문을 제기하면서 순위 조작 문제를 사회문제로 이끌어내기도 했다. 그 결과, 2019년 〈프로듀스 101〉의 순위 조작 논란으로 관련 기획사와 제작진이 수사를 받았는데, CJ ENM의 사과와 관련자들의 구속으로 일단락되었다.[18]

17 강보라·서지희·김선희(2018), 〈20대 여성 팬덤의 감정구조와 문화실천: 〈프로듀스101 시즌2〉 팬덤을 중심으로〉, 《미디어, 젠더&문화》 33(1), 5-50쪽.

18 이유진(2019.7.26), "'프로듀스X101' 투표조작 논란 일파만파 … 엠넷 '제작진 수사의뢰'", 〈경향신문〉; 김경학(2019.12.30), "CJ ENM 대표 '프로듀스' 순위 조작

아이돌 연습생의 '아이돌-되기'가 대형 프로젝트로 방송 프로그램의 주요 콘셉트로 제작될 수 있었던 배경에는 2000년대 후반부터 아이돌 음악의 주 소비층이 10대만이 아닌 20대와 30대로 확대되었고, 여성 중심의 문화에서 남성들도 팬덤 활동을 하는 비율이 증가했기 때문이다. 이와 함께 음악 소비 방식이 디지털 음원으로 변화하면서 온라인 커뮤니티나 네트워크를 통해 팬덤의 적극적인 참여가 가능해졌다는 환경의 변화도 영향을 미쳤다.[19] 온라인 공간은 이용자에게 '내가 누구인가'를 질문하고 깨닫게 하는 공간이며 그 과정에서 남을 이해하게 되는 공간이다. 팬들 역시 온라인 커뮤니티 공간에서 아이돌 관련 정보를 공유하고 관계를 형성하며 팬덤으로서의 정체성을 형성하게 된다.[20] 아이돌 문화는 기획사의 육성전략, 실시간으로 중계되는 방송, 팬덤을 관리하는 기획사의 역할 등이 동시적으로 이뤄지면서 지금까지 이어져왔다. 아이돌 팬덤은 단순한 문화수용자가 아니라 생산과도 밀접한 연관성이 있는 문화적 집단이다. 아이돌 문화 형성 과정을 함께 시청하고 응원의 마음을 방송프로그램으로 재현한 것이 아이돌 오디션 프로그램이다. 수많은 아이돌 연습생이 함께

사과 … '수익금 300억 사회 환원'", 〈경향신문〉.

19 정민우·이나영(2009), 〈스타를 관리하는 팬덤, 팬덤을 관리하는 산업: '2세대' 아이돌 팬덤의 문화실천의 특징 및 함의〉, 《미디어, 젠더&문화》, 191-240쪽.

20 김수아(2010), 〈소녀 이미지의 볼거리화와 소비 방식의 구성: 소녀그룹의 삼촌 팬 담론 구성〉, 《미디어, 젠더&문화》 15, 79-119쪽.

있는 모습, 아이돌 연습생 개인별 인터뷰, 그룹별 연습 장면, 출연자들 간의 갈등과 협업 모습은 무수한 이미지와 시각이 밀착하는 스펙터클한 이미지가 된다. 기 드보르(Guy Ernest Debord)는 "스펙터클의 권력은 마치 항상 거기에 있던 것처럼 친숙한 모습을 하고 나타나며, 강탈자들은 언제나 그들 자신이 방금 도착했다는 사실을 잊게 한다"고 설명한다. 스펙터클은 단순한 이미지가 아니라 흔한 일상의 관계로 조성되고 작동된다는 것이다. 이러한 스펙터클한 이미지는 사회적인 모든 '관계'가 되고, 인간과 인간 그리고 인간과 사물을 매개함과 동시에 이를 인식할 수조차 없도록 일상화시킨다. 오디션 프로그램 속 출연자들 역시 일상적 모습과 자신의 실력을 증명해야 하는 경쟁관계에 놓이지만, 그들의 관계성은 일상적 모습으로 인지된다.[21]

아이돌 연습생들의 경쟁과 일상생활이 구성하는 스펙터클은 시청자나 팬들에게도 그대로 전이된다. 스펙터클의 주요 구성요소인 팬들은 자신이 지지하는 아이돌 연습생이 최종 우승자로 자리매김할 수 있도록 모든 열정을 쏟는다. 오디션 프로그램의 성공으로 '연습생'들은 대중적 인지도를 얻게 되는데, 이들이 큰 수익을 얻게 되면서 아이돌을 육성하는 기획사들은 방송 및 콘텐츠 제작으로도 사업을 확장하게 되었다. 소속 연예인들을 기획사가

21 기 드보르, 유재홍 옮김(2017), 《스펙타클의 사회에 대한 논평》, 울력, 33쪽; 신경식(2022), 〈스펙타클 사회의 일상성과 미디어의 정치적 전용〉, 《아시아영화연구》 15(3), 162쪽.

제작하는 프로그램에 출연시켜 이를 통해 경제적 수익을 낼 수 있고, IP(Intellectual Property)를 활용해 다른 분야에도 진출할 수 있기 때문이다. 음원시장 경쟁이 치열해지면서 짧은 시간에 대중에게 인지도를 얻는 것은 매우 중요해졌고, 아이돌 오디션은 연습생 시절부터 팬덤을 형성할 수 있다는 장점이 존재한다. 케이팝은 특히 스타 비즈니스를 넘어 팬덤 비즈니스가 중요한 영역이기 때문이다.

아이돌 산업의 명과 암

현재 한국 사회에서 설명하고 있는 '성공' 개념은 하나의 틀로 고착되어 있다. 어려움을 극복하고 끊임없이 도전하면 결국은 자신이 얻고자 하는 것을 얻게 된다는 논리가 여전히 통용되기 때문이다. 이처럼 한국 사회는 사회 구조와 제도를 논의하기보다 개인의 역량과 노력을 중심으로 성공 여부를 평가한다. 아이돌로 성공하길 원하는 지원자 수에 비해 아이돌로 데뷔하는 사람은 소수이기 때문에 지원자들 간의 역량은 데뷔 가능성, 팬덤 형성의 가능성을 평가하는 데 중요한 기준이 된다. 많은 청소년이 아이돌 가수가 되기 위해 노력하고 있지만, 실제 데뷔하는 이들은 극소수에 불과하다. 게다가 연습생 과정에서 부당한 상황을 겪는 사례도 적지 않다. 자신의 상황을 공개할 경우 데뷔 가능성은 더욱 멀어지기 때문에 문제적 상황은 공개되기 어렵다. 아이돌 육성 과정이 갖는 특징은 이러한 상황은 개선되어야 할 문제가 아니라 극복해야 할 과정으로 인식하게 한다. 시사 고발 프로그램이나 언론 기사 등을 통해 연습생들이 겪는 학교생활의 부재, 다이어트로 인한 스트레스, 하루 종일 이어지는 연습, 사생활 감시 등의 문제는 계속 지적되었지만, 결국 그 문제는 극복해야 하는 통과의례가 되었다. 아이돌 가수와 아이돌 연습생 모두 스타로 성공하기 위해서는 그 어떤 고통도 이겨내야 하며, 자신의 선택에 책임을 져야 한다는 것이다. 물론 이러한 논리가 완전히 잘못된 것이라고는 볼 수 없다. 문제는 10대 아이돌 연습생에게 성인과 같은 기준으로 평가하고 역할론을 요구한다는 것이다. 아이돌 데뷔 연령이 점차 낮아지면서 평균 연령이 10대 중심인 그룹이 적지 않다. 2010년대부터 데뷔한 아이돌 그룹들은 멤버 중 20대가 포함된 경우가 점점 줄어드는 추세다.

아이돌 산업은 현재 한국 사회에서 가장 상업적인 문화 산업 영역에 놓여있으며, 수익구조와 직결되는 위치에 10대들이 자리한다는 특수성을 갖는다. 그들은 성공과 실패로만 평가된다. 결국 자기관리를 통해 자신의 상품성을 높여야 한다는 스펙 쌓기 담론이 10대 지원자들에게 그대로 적용된다. 10대가 주목을 받으면서 현재 아이돌 산업에서 기획사의 역할은 더욱 중요해졌다. 과거처럼 '우연한(casting)' 기회로 데뷔하기보다는 기획사의 주도하에 멤버를 선발하고 '훈련시키는(making)' 방식이 자리 잡았기 때문이

다.[22]

아이돌 그룹으로 데뷔하기 위해서는 첫 번째 관문으로 기획사 오디션을 통과해야 한다. 연습생 자격을 획득해야만 아이돌이 될 수 있는 준비 과정에 참여 자격을 얻게 된다. 대학입시가 아닌 아이돌 오디션을 선택하는 10대들의 수가 늘어나고 있다. 그러나 입시를 선택하지 않았다고 해서 사교육으로부터 자유롭지는 않다. 입시와는 다른 분야의 선행학습, 오디션 준비를 위해 사교육을 받는 것으로 알려져 있다.[23]

미디어에서는 아이돌 육성 과정이 갖는 문제에 대해 오래전부터 관심을 가져왔다. 대부분 미성년자인 아이돌 연습생이 기획사에 소속되어 데뷔 준비를 하면서 겪는 문제를 고발하는 여러 편의 프로그램이 방영된 바 있다. 이 문제를 집중적으로 다룬 프로그램은 2016년 4월 19일 방송된 MBC 〈PD수첩〉을 들 수 있다. "아이돌 전성시대, 연습생의 눈물"이라는 제목으로 기약 없는 연습생 생활로 정신적 고통을 겪고 있는 사람들과 아이돌 중심의 문화 산업 시스템의 문제 등을 다뤘다. 이와 함께 2012년 제작되어 2014년 개봉한 다큐멘터리 〈나인뮤지스: 그녀들의 서바이벌〉은 나인뮤지스라는 걸그룹의 삶을 통해 기획사의 아이돌 육성 시

22 이종임(2018), 《문화 산업의 노동구조와 아이돌》, 북코리아, 165-172쪽.

23 Yim Hyun-su (2019. Jan, 18), A rare glimpse of the 'factorylike' K-pop idol training system: The author of 'Idol Trainees' Sweat and Tears' details the grueling process of becoming a K-pop star, *The Korea Herald*.

스템 문제와 연습생 생활의 어려움 등을 대중에게 전했다. 하지만 아쉽게도 기획사의 아이돌 육성 시스템의 문제는 여전히 해결하기 어려운 영역으로 남아있다.

시청률이라는 대중의 관심으로 프로그램을 제작할 수 있는 방송사들은 아이돌 지원자가 늘어나는 속도에 발맞춰 오디션 프로그램을 제작하기 시작했다. 매년 시즌제로 중계되던 아이돌 데뷔 과정은 아이돌 가수를 지망하는 지원자들의 증가를 가져왔다. 연습생이 활동할 수 있는 기획사 수도 증가하면서 기존에는 없었던 문화 산업 관련 이슈들도 등장했다. 불공정 계약, 무리한 스케줄, 수익 배분 문제가 알려지게 되었다. 중소 기획사뿐 아니라 대형 기획사에서도 문제가 나타났다. 유명 아이돌 가수의 불공정 계약관계나 무리한 스케줄, 지급받아야 하는 임금이나 계약금 등의 문제가 언론보도를 통해 알려지게 되었고, 제도적 개입이 필요하다는 여론이 형성되었다. 팬들도 아이돌의 불공정 계약 방식이 갖는 문제에 대해 비판적 입장을 가졌다. 화려한 삶 뒤에 숨겨진 불공적 이슈들이 알려지고 개선이 필요하다는 사회적 여론에 따라 국가적 차원에서 제도 마련이 이루어졌다. 일례로 문화체육관광부와 한국콘텐츠진흥원은 대중문화예술기획업(연예기획사)에 대한 종합 정보를 제공하는 '대중문화예술종합정보시스템(ent.kocca.kr)'을 구축했다. 기획사 등록 제도를 도입한 이유는 무분별한 기획사 설립으로 인해 피해를 보는 소속사 연습생들을 보호하기 위해서였다. 연습생 보호를 위해 이러한 제도가 도입되었지만,

2016년 제작된 〈프로듀스 101〉 시즌1에 출연한 아이돌 연습생이 소속된 기획사 중 대중문화예술종합정보시스템에 등록하지 않은 무등록 기획사가 발견되기도 했다. 당시 이 프로그램에는 46개 기획사에 소속된 101명의 연습생이 지원했는데, 이 중 미등록 기획사가 6개였고 홈페이지가 없거나 홈페이지에 허위 정보를 기재해놓은 곳도 있었다. 이 사실은 2016년 3월 뉴스를 통해 보도되기도 했다. 대중문화예술종합정보시스템[24]에 공개된 자료를 보면, 현재 종합정보시스템에 등록된 기획사 수는 2023년 5월 31일 기준 4,554개에 달한다.[25]

피해 사례를 줄이고 공정한 산업 구조를 구축하기 위해서는 한류문화 관련 산업을 주도하는 주체들의 투명한 운영과 제도가 필요함을 우리 모두 알게 되었다. 하지만 아직까지 정부 정책만으로 해결할 수 없는 복잡한 문제들이 존재한다. 수익 중심의 기획사 운영 방식과 아이돌이 되길 원하는 청소년의 증가, 디지털 기술이 결합된 콘텐츠 생산 그리고 한류 팬덤까지 결합되면서 이 문제는 쉽게 해결할 수 없는 복잡한 상황에 접어들게 되었다.

24 https://ent.kocca.kr/

25 등록된 모든 기획사가 아이돌 가수를 양성하지는 않는다.

4
변화가 필요한 아이돌 산업

문화상품에 대한 프랑크푸르트학파의 비판은 주체적 성찰의 상실에 대한 것이었다. 문화상품의 속성이란 제작자에게는 민첩성과 관찰력, 그리고 상당한 사전 지식을 요구하지만, 관객에게는 적극적인 사유를 빼앗고 긴장만 줄 뿐 상상을 위한 공간을 박탈한다는 것이다. "관중은 자동 반응하는 기계일 뿐"이라는 프랑크푸르트학파의 주장을 현재 문화 산업의 구조와 대중, 이용자, 팬덤의 반응에 적용하기에는 한계가 있을 수 있다. 지금의 팬덤은 훨씬 적극적이고 주체적인 방식으로 문화를 향유하고 있기 때문이다.[26] 하지만 그에 비해 아이돌 육성 환경은 혹독한 자기관리를 받아들여야만 살아남을 수 있는 구조이며, 팬들도 이를 비판적으

26 강보라·서지희·김선희(2018), 〈20대 여성 팬덤의 감정구조와 문화실천: 〈프로듀스101 시즌2〉 팬덤을 중심으로〉, 《미디어, 젠더&문화》 33(1), 5-50쪽.

로 바라보지만, 문제해결을 위한 주체로 활동하기는 어렵다. 오히려 아이돌이 직면하는 문제들을 '성공신화'와 '돌봄'의 문제로 치환하는 역할을 수행한다. 기획사는 아이돌 육성 과정에서 연습생의 학교생활 병행 문제와 개인 시간 부재라는 상황을 중요하게 생각하지 않는다. 기획사에 소속된 아이돌 연습생도 학교생활을 중요하게 생각하지 않는데, 그 이유는 연습생 스스로 이 시간을 참고 견디면 성공할 수 있다는 기대감으로부터 자유롭지 못하기 때문이다. 미국, 프랑스, 독일 등 주요 국가에서는 연예 매니지먼트 사업자가 직업 알선 같은 에이전트 업무를 주로 수행하는 것을 고려하면,[27] 아이돌 데뷔 과정에 기획사가 깊이 관여하는 방식은 한국 연예 매니지먼트 산업의 독특한 구조라고 할 수 있다. 다만 일본은 우리나라와 유사하게 연예 매니지먼트 사업자가 매니지먼트와 에이전트 업무를 병행한다.[28]

BTS 같은 케이팝 아이돌 그룹이 해외 음악시장에서 가시적인 성과를 내면서, 기획사는 창의적인 집단으로 대우를 받고, 문화 산업과 신기술과의 협업 등 새로운 영역을 개척하는 주체로 언급되고 있다. 심지어 대형 기획사의 CEO들은 사회를 이끄는

27 이종임 외(2020),《대중문화 산업 종사 아동·청소년 인권상황 실태조사》, 국가인권위원회.

28 백승혁(2012),〈연예기획사 등록제 도입과 연예 매니지먼트 산업 활성화 방안: 한국과 일본 사례비교분석〉,《코카포커스》7, 한국콘텐츠진흥원, 25-27쪽.

새로운 유형의 지도자로까지 평가되고 있다.[29] 이러한 현상이 가능한 이유는 서구 대중문화가 아닌 한국의 대중문화가 글로벌 시장에서 주목을 받게 되었다는 특수성이 존재하기 때문이다. 해외에서 케이팝의 성공은 아이돌과 기획사의 성공뿐 아니라 국가적 성공으로 인식하는 담론이 존재하기 때문이다.

물론 한류, 케이팝의 성공과 글로벌 팬덤 형성에는 다양한 주체의 노력과 함께 국가 정책적 지원도 역할을 해왔다. 케이팝 내부의 계약 문제나 과노동 문제 등이 이슈가 되면서 2010년대부터 정부의 정책 마련도 꾸준히 이어졌다. 그 어느 시기보다 지금의 케이팝은 상업적으로 성공했고, 이를 유지하기 위해서는 국내외 비판적 여론에 대응해야 하는 상황도 영향을 미쳤다. 해외에서의 성공을 위한 연예 매니지먼트 산업 내의 과도한 경쟁이 문제가 되고 아이돌 노동환경에 대한 보호가 필요하다는 여론이 형성되었고, 국가적 차원의 제도 마련 등이 이뤄졌다. 문화체육관광부의 〈2018 예술인 실태조사〉에 따르면, 2015년과 2018년을 비교했을 때 현재 활동하고 있는 예술 분야 중 대중음악의 경우 6.8%(2015)에서 14.2%(2018)로 종사자가 증가한 것으로 나타났다. 종사자가 증가한 만큼 이들을 지원할 수 있는 제도가 마련되었는지를 알 수 있는 것이 계약관계일 것이다. 조사 결과 대중음악 분야 종

29 원용진·김지만(2011), 〈연성국가주의에 편승한 연예기획사와 한류의 미래〉, 한국언론학회, 《한류 2.0시대의 진단과 분석 학술 세미나 발표집》, 27-51쪽.

사자는 계약 체결 경험이 39.7%(서면 계약 33.5%, 구두 계약 6.2%), 방송연예 분야는 계약 체결 경험이 56.7%(서면 계약 46.6%, 구두 계약 10.1%)로 나타났다.[30] 예술 활동 관련 계약 체결 중 부적절하고 부당한 계약을 체결했다는 응답자는 12.2%(2015)에서 9.6%(2018)로 줄어든 것으로 나타났다. 이는 사회적 담론 형성과 대중문화 분야 종사자들의 적극적 의견이 반영된 결과라고 볼 수 있다. 하지만 계속 증가하는 10대 아이돌 연습생들의 계약 현황이나 아이돌 가수의 계약관계 등에 대한 구체적인 통계조사 결과가 필요하다. 정부 차원에서 10대 아이돌 및 아이돌 연습생 관련 조사가 연속적으로 이뤄져야 하는 이유이기도 하다.

아이돌 그룹의 모든 노동은 기획사의 자본 축적에 기여하며, 공연 활동 및 음악을 위해 창조적 노동을 하고, 이미지 창출을 위한 감정노동을 한다. 원용진과 김지만(2012)은 '감정노동(emotion work)'을 "감정 작업의 능력을 특정한 목적으로 사용하도록 극대화하는 과정"이라고 표현한다. 팬층에 의해 실질적 인지도가 결정되는 아이돌 그룹은 '감정노동'이라는 특수한 과정이 연습생 과정뿐만 아니라 데뷔 후에도 지속된다고 말하고 있다. 현재 한국 문화자본[31]의 모습은 균형 있는 유통 체계가 존재하지 않고, 제도

30 문화체육관광부(2018), 〈2018 예술인 실태조사〉, 24쪽.

31 피에르 부르디외는 사회 세계를 권력, 돈, 명성 같은 희소재들을 전유하기 위해 끊임없는 경쟁과 투쟁이 벌어지는 공간으로 개념화한다. 그는 행위자들이 이미 보유한 여러 형태의 자본이 그들의 공간 내 위치, 그리고 경쟁과 투쟁 과정에서 그

적 환경이 투명하지 않다는 사실에서 오는 결과가 근본적인 문제라는 것을 알 수 있다.[32]

10대 중심으로 기획된 아이돌의 데뷔 과정은 1990년대를 거치며 기획사 시스템을 통해 체계화되기 시작했고, 2000년대에는 아이돌 연습생 트레이닝 시스템을 거쳐 데뷔하는 것은 관행이 되었다. 육성 시스템을 통과한 아이돌은 리스크에 민감하고 대중에게 친절하며, 연습에 진심인 완벽한 아이돌 그룹으로 탄생하게 된다. 이러한 아이돌 육성 시스템은 현재 대형 기획사를 중심으로 한국이 아닌 해외에서 해외 멤버로 구성된 아이돌을 제작하는 데 중요한 정보로 인식되고 있다. 국내 언론에서는 이러한 시스

들이 이용할 수 있는 패를 규정한다고 본다. 그가 말하는 자본은 "행위자가 실제로 이용 가능한 자원과 권력의 총체"를 가리키는데, 크게 세 가지 유형을 띤다. 첫 번째 유형은 경제자본이다. 이 자본은 여러 생산 요소(토지, 공장, 노동력)와 재화(자산, 수입, 소유물)들로 구성되는데, 돈으로 즉각 전환할 수 있고 소유권의 형식 속에 제도화되어 있다는 특징을 지닌다. 두 번째 유형은 문화자본이다. 이는 가족에 의해 전수되거나 교육 체계에 의해 생산되는데, 대개 세 가지 상태로 존재한다. 먼저 세련된 말투나 몸짓처럼 지속적인 성향으로 체화된 상태다. 끝으로 지적인 자격을 부여하는 승인된 형식의 학위 속에 제도화된 상태다. 세 번째 유형은 사회관계자본이다. 이는 한 개인이나 집단이 동원하고 활용할 수 있는 사회적인 연줄과 관계망으로 구성된다. 이 자본을 소유하기 위해서는 친분관계를 만들고 관리하는 사교노동이 요구된다. 이상길(2018), 〈대중문화산업의 상징경제: 국내 연예산업의 사례를 중심으로〉; 이기형 외(2018), 《문화연구의 렌즈로 대중문화를 읽다》, 컬처룩, 238쪽.

32 아이돌 그룹 멤버, 연기자 그리고 과거 대중음악 가수들은 토크쇼와 리얼리티 프로그램에 출연해 자신의 과거 이야기를 들려주곤 했다. 시대적 맥락에서 보면 지금처럼 관련 제도도 부재했고, 사람들의 관심도 낮았던 시대였기에 엔터테인먼트 분야 종사자들은 안전장치 없이 활동해왔음을 알 수 있다.

템 구축을 '현지생산'이라 표현하기도 한다.[33]

음반이 발매될 때마다 수많은 팬이 환호하고, 아이돌 가수들은 기다린 팬들을 위해 멋진 퍼포먼스를 보여주기 위해 피나는 노력을 한다. 그 결과 글로벌 음악시장에서 케이팝 음악이 미치는 영향력도 점차 커지게 되었는데, 이로 인해 아이돌 가수가 되는 과정은 그 어느 때보다 까다로워졌다. 미디어에서 주목하는 만큼 지원자 수도 늘어났는데, 국내뿐 아니라 해외 지원자들도 증가했다. 지원자들의 나이는 중학생에서 초등학생으로 더 어려지고 있다. 안정적인 데뷔를 위해 일찍부터 아이돌 준비를 하는 것을 당연시하게 되었다. 어린 나이에 데뷔 준비를 하는 아이돌 산업 내에서 나타나는 현상은 여러 가지 문제를 동반했다. 기획사 내부의 자산이 바로 아이돌 연습생이기 때문이다.

2013년에는 청소년이 되고 싶은 직업 순위에서 연예인 특히 아이돌이 1위를 차지했으며, 언론에서는 '아이돌 연습생 백만 시대' 혹은 '아이돌 고시'라고까지 명명했다. 당시에는 이렇듯 아이돌 가수가 되려는 지원자가 계속 늘어나면서 나타나는 아이돌 연습생의 열악한 환경을 비판하고 대안을 모색하는 기사도 많았다.[34] 반면 이 같은 사회적 우려와 진단도 케이팝 가수들이 미국

33 오유교(2023.7.21), "박진영, 미국 건너가 K팝 걸그룹 만든다 … 33조 시장 공략", 〈아시아경제〉.

34 김고금평(2011.6.17), "정신건강·학습권 … 박탈된 '아이돌' 기본권 명시", 〈문화일보〉; 권란(2011.7.3), "너도나도 연예인 … '아이돌 고시' 그 현실은?", 〈SBS뉴스〉.

시장에 진출하고 여러 시상식에서 수상하는 데다 해외 토크쇼에까지 출연하는 등 성과가 이어지자 비판적 논의는 대중의 관심을 끌기 어려워졌다.

언론이 케이팝의 미국 진출이나 경제적 효과 등에 주목하는 사이, 팬들은 기획사의 혹독한 훈련이나 과도한 스케줄 등에 적극적으로 비판했다. 불공정한 계약관계를 폭로하기도 하고, 대안 마련을 위해 단체 행동을 하거나 성명서도 발표했다.[35] 하지만 이러한 능동적 팬덤 활동은 기획사가 팬덤 관리 서비스를 시작하면서 유지되기 어려워졌다. 여기에 미디어 생태계가 변화하면서 온라인 커뮤니티보다 유연한 정보 생산과 수집에 익숙한 개별화도 작동했다. 물론 여전히 팬덤 커뮤니티를 통해 비판적 의견을 내는 '디지털 여론'은 존재하지만, 팬덤의 행동주의 전략은 분명히 변화했다.

엔터테인먼트사가 팬덤 플랫폼을 직접 운영하게 되면서 팬덤의 비판적 행동주의는 변화를 맞이했다. 팬들이 기획사와 소통할 수 있는 '디지털 소통'의 기회가 점차 줄어들고 있기 때문이다. 기획사가 관리하는 팬 커뮤니티 플랫폼은 아이돌 가수와 팬덤을 동시에 관리한다. 대중문화는 다양한 정체성과 경험, 사유, 역할 수행 등이 작용하면서 생산되는데, 아이돌 산업은 상업적 측면에서

35 김지혜(2020.10.23), "과로에 월급 떼여도 퇴직마저 힘겨운 '이상한 나라의 노동자' 아이돌", 〈경향신문〉.

만 빠르게 변화하고 있다. 비대면 커뮤니케이션을 경험하게 했던 코로나19 팬데믹 상황이 케이팝 산업의 변화를 더욱 가속화했다. 일상생활까지 디지털 콘텐츠가 되는 아이돌의 삶은 감정노동의 어려움을 비가시화했다. 이 산업의 가장 중심이 되는 아이돌은 지원자가 많다는 이유만으로 언제나 대체 가능한 대상으로 인지된다. 결국 이러한 상황은 아이돌 스스로에게 불안감을 갖게 한다. 그리고 이러한 환경이 아이돌이나 연습생이 정서적으로 어려움을 겪는 중요한 이유 중 하나다. 이후 시스템에 대한 안전장치가 필요하다는 여론이 형성되면서, 정부는 미성년 연예인과 연습생 권익보호 방안을 내놨다. 미성년 연예인의 휴식권과 학습권 침해 방시를 위한 구체적인 지침 마련, 연령별 용역 제공시긴 등 법상 제재 규정이 없는 미성년 연예인 보호조항에 대한 과태료 규정 신설, 성범죄 등 피해 신고 시 미성년 연예인의 신고 우선처리 방침 등이 담겼다. 또한 케이팝 시장이 커진 만큼 10대 지원자들이 보호받아야 할 이슈도 늘어나고 있다. 이러한 상황을 고려해 한국콘텐진흥원에서는 '대중문화예술인 심리상담 시스템'을 제도화했다.

한국콘텐츠진흥원의 '대중문화예술인 심리상담'을 보도한 〈한겨레〉(2023.5.1) 기사에 의하면, 심리상담을 받은 연예인은 2021년 176명(상담 건수 902회), 2022년 661명(상담 건수 2,612회)으로 해마다 늘어나고 있는 것으로 나타났다.[36] 10대 연습생들이나 아이돌 가수들의 상담 건수는 구체적으로 파악하기 어렵지만, 상담 건수가 늘어났다는 것은 지원자의 증가와 환경의 악화 등 여러 가지 방식으로 해석이 가능하다. 청소년 대중문화예술인들이 제도화된 심리상담센터를 찾는 숫자가 최근 더 증가하는 이유에 대해서는 체계적인 분석이 필요하다. 이를 위해 더욱 빠르게 진행되어야 할 것은 아이돌 연습생이나 지원자들의 구체적인 숫자를 파악하는 일이다. 지금의 케이팝 산업을 가능하게 했던 수많은 지원자에 대한 '정서적 주목'뿐만 아니라 '제도화된 보호 장치' 마련을 위한 사회적 관심과 노력이 필요한 시기다.[37]

36 남지은(2023.5.1), "연예인 심리상담 1년새 4배 … '합숙하며 고립' 시스템 바꿔야", 〈한겨레〉.

37 언론을 통해 아동·청소년 대중문화예술인의 인권보호 필요성이 언급되면서 문제 해결을 위해 활동하는 단체 '아동·청소년 미디어 인권 네트워크'는 10대 연기자, 아이돌, 연습생 등을 대상으로 현장연구를 꾸준히 하고 있다. 또한 대중문화예술산업발전법 개정의 필요성을 강조하는데, 특히 청소년 대중문화예술용역 제공과 관련해 대중문화예술사업자에게 결석·자퇴 강요 등 학습권 침해행위, 과도한 외모 관리 강요, 폭언·폭행 등 구체적 금지행위 항목을 만들고, 대중문화예술용역 제공 현장에서 인권보호를 담당하는 청소년보호책임자 제도가 신설되어야 할 필요성을 제안했다. 윤유경(2024.5.10), "아이돌의 인권을 위한 법이 잠자고 있다", 〈미디어오늘〉.

Media tech / \k-pop

3장
케이팝 음악 향유 방식의 변화

국내 대중음악 산업은 1990년대 인터넷의 대중화로 인해 실물 음반 시장 중심에서 디지털 음원 시장으로 변화했다. 컴퓨터, 모바일폰, CD플레이어, MP3플레이어 등 디지털 기기의 출현으로 이용자가 개인의 취향에 따라 음악을 감상할 수 있는 환경이 구축되었다. 많은 정보를 검색하고 자신의 관심사에 따라 디지털 공간에 머무르는 특징은 음원 감상하기뿐 아니라 음악을 '보는' 것으로 인지하게 했고, 음악의 소비 방식을 바꿔놓았다. 물론 기존에도 뮤직비디오 같은 영상콘텐츠가 중요한 역할을 했지만, 지금은 시각적 이미지가 음원의 성공을 결정짓는다. 여러 명의 멤버가 보여주는 퍼포먼스와 빠른 비트, 완성도 높은 뮤직비디오 등을 감상할 수 있는 케이팝은 그 어느 콘텐츠보다 빠르게 대중의 관심을 끌게 되었다. 현재는 10대 팬층뿐 아니라 다양한 연령층이 케이팝 음악을 즐겨듣는 추세다.

음악을 소비하는 방식 역시 음반을 구매·소유하는 과정에서 스트리밍 서비스되는 음원을 듣는 방식으로 변화했다. 디지털 기술로 인해 대중음악 산업의 생산·유통·소비 과정에 급격한 변화가 나타나게 된 것이다. 아날로그 시대의 음악 콘텐츠는 LP 레코드, 카세트테이프, CD 등의 피지컬 음반으로 제작되어 음악이 유통되었지만, 디지털 기술의 발전으로 음악을 듣는 소비자는 MP3플레이어와 PC로 재생하는 방식을 선택하게 되었다. MP3 파일이 유통되면서 음악 파일은 스트리밍 방식이나 다운로드 방식으로 공유되었고, 인터넷을 통해 손쉽게 사용자 간(P2P) 교환이 가능하게 되면서 대중음악 산업은 큰 변화를 맞이하게 되었다. 일례로 2000년대 초반 미국의 냅스터와 국내의 소리바다의 등장은 대중음악시장 구조에 큰 영향을 미쳤다. 미국의 경우, 음원 유통 플랫폼 냅스터(Napster)가 등장했고, 유니버설뮤직 그룹과 소니뮤직은 2001년 말에 냅스터와 경쟁하기 위해 프레스플레이(Pressplay)라는 온라인 음악 스토어를 시작했다. 2003년 애플은 iPod과 iTunes Music Store를 출시했다. 이후 MP3플레이어도 빠르게 사라지고 스마트폰을 통해 음악을 듣는 방식이 자리 잡았다. 2010년대 들어 소비자는 음반 구입 대신 매달 월정액을 지불하고 음악을 감상할 수 있는 스트리밍 서비스를 이용하기 시작했다. 물리적 형태의 제품으로 음악을 구입하는 방식에서 무형의 디지털 음원 서비스를 구매 혹은 구독하는 방식으로 음악 산업 내에 지각변동이 일어났다.[1]

음악 산업뿐 아니라 사진, 영사기, 텔레비전 수상기, 카세트테이프, LP 등 이미지와 사운드를 기록하고 디바이스를 통해 소비할 수 있는 기술의 대중화 속도에 따라 관련 산업 역시 발전해왔다. 디지털 기술이 우리의 일상생활에 파급력을 갖게 되었을 때, 음악 산업의 핵심 주체들이 영향력을 상실함과 동시에 전통적인 음악 산업 자체가 위기에 빠지게 되었으며, 디지털 기술의 파괴

1 고정민·박미연(2024), 〈플랫폼 형태에 따른 음악산업의 변화 연구〉, 《문화산업연구》 24(1), 146쪽.

적(disruptive) 속성을 강조하기도 했다.[2] 디지털 기술의 확산, 산업화 속도를 기존 산업이 따라잡지 못했고, 이러한 산업 구조 재편은 케이팝 산업이 디지털 플랫폼을 중심으로 콘텐츠를 생산하게 된 중요한 계기가 되었다. 실물 음반시장이 어려움을 겪게 되고 디지털 음원시장이 비약적으로 성장하는 과정에서 쇠락 과정의 중심에 디지털 네트워크 확산이 자리 잡고 있다는 진단도 적지 않았다.[3] 그럼에도 디지털 기술이 사회구조에 미친 영향력에는 부정적 측면뿐 아니라 긍정적 영향력에 대한 논의도 활발하게 이뤄졌다.

디지털화 기술로 인해 나타나는 '민주화 효과'도 주목받았는데, 독립창작자들이 직접 온라인에 업로드할 수 있는 유통구조의 변화가 나타났기 때문이다. 전문교육을 받지 않은 음악가들도 음악 콘텐츠를 독립적으로 제작·생산할 수 있게 되었고, 레이블 간섭 없이 자율적으로 음악 작업과 활동을 할 수 있게 됨으로써 진정한 독립성을 보유하게 되었다.[4]

2 K. Kelly (2002), Towards a Post - Napster Music Industry, *The New York Times Magazine* 17 March, 19-21.

3 장미혜·이충환(2006), 〈디지털 네트워크 시대의 음악 시장 변화: 소유에서 향유로, 전유에서 공유로〉, 《경제와 사회》 72, 232쪽.

4 B. J. Hracs (2010), Working in the Creative Economy: The Spatial Dynamics of Employment Risk for Musicians in Toronto, University of Toronto, 36-38; 권혜원(2022), 〈디지털화가 독립 음악가의 지위와 작업조건에 미친 영향〉, 《산업노동연구》 28(3), 8쪽.

이처럼 국내외 음악 산업의 환경은 디지털 기술의 발전으로 기존의 유통구조로부터 창작자나 이용자가 자유롭게 생산·소비할 수 있는 환경이 마련되었으나 동시에 자본의 가속화와 빅테크 기업들의 등장으로 글로벌 플랫폼의 환경에 다시 유입되었다. 대중음악 생산자들의 경우 최대의 이윤을 끌어내기 위해 주 향유층의 변화된 취향에 촉각을 세울 수밖에 없었고, 디지털화 이후의 수용자들은 해석을 넘어 자신이 직접 콘텐츠를 생산해 그것을 직접 공유·유통시키는 적극적인 생산자 역할을 겸한다는 점에서 과거 음악 산업과는 큰 차이를 갖는다.[5]

케이팝 산업은 디지털 기술의 유입으로 나타나는 변화를 적극적으로 수용해 새로운 시장을 개척한 사례다. 디지털화가 본격화되기 전부터 이미 음악 산업은 시각적 미디어가 매개된 새로운 음악체험이 이뤄졌다. 1980년대부터 미국 음악시장에서 시작된 MTV의 등장으로 음악을 듣는 것만이 아닌 보는 것으로의 전환이 이뤄졌다. TV 수상기가 대중화되고 채널이 다양해지면서 음악전문 채널이 등장했고, 뮤직비디오 콘텐츠가 음악시장에서 차지하는 영향력이 커지게 되었다. 이러한 흐름은 국내에도 형성되었는데, 국내 지상파 방송사의 음악 순위 프로그램, 케이블 음악전문 방송으로서의 KMTV와 엠넷 등 방송채널도 전문성을 강화

5 김예란(2014), 《말의 표정들: 미디어문화의 실천과 소통의 윤리》, 문학과 지성사 참고.

하며 수용자의 세분화된 니즈 맞춤형 콘텐츠를 제공하기 시작했다. 인터넷이 대중화되면서 네이버와 다음카카오 등의 포털 플랫폼을 이용해 음악 관련 정보를 소비할 수 있는 환경이 구축되었다. 이후 2000년대 후반부터는 유튜브와 인스타그램 등의 소셜미디어 플랫폼을 통한 음악 듣기와 보기가 큰 호응을 얻었다.

미디어 기술의 발달은 케이팝의 흐름을 때로는 선형적으로 때로는 비선형적으로 이끌어내며, 다양한 실험과 변주를 가능하게 했다. 다매체·다채널 환경에서 여러 명의 멤버가 함께 생활하는 아이돌의 일상생활은 TV 채널을 채우는 중요한 콘텐츠가 되었다. 케이팝을 접할 수 있는 채널이 많아질수록 아이돌 가수의 미디어 속 이미지는 다양한 방식으로 재현되었다. 무대 공연 중심의 콘텐츠에서 일상생활을 보여주는 리얼리티 프로그램, 연습실에서의 준비 과정 등이 케이블 채널로 방송되었고, 수용자나 팬들의 관심을 끌기 시작하자 방송사가 제작하던 방식에서 기획사가 제작하는 방식으로 이동했다. 방송사는 제작하기보다 편성에만 관여하는 사례도 늘어났다.

1
케이팝 음악 산업 지형의 변화

국내 방송시장에서 음악 전문 케이블 채널이 등장하기 전에는 지상파 방송사가 제작한 음악 프로그램의 영향력이 컸다. 국내 대중음악의 음반 판매량과 가수의 인지도, 다양한 콘셉트의 콘서트 중계에 이르기까지 국내 대중음악시장의 흐름을 주도하는 데 지상파 방송사의 음악 프로그램이 큰 영향을 미쳤다. 1981년부터 1998년까지 KBS2에서 방송된 〈가요톱10〉은 대표적인 음악 순위 프로그램이다. 이후 대중음악의 장르와 주요 소비층이 변화를 겪게 되면서 지상파의 음악 순위 프로그램은 케이팝 중심으로 바뀌기 시작했다. 〈뮤직뱅크〉(KBS)는 1998년부터 제작되었고, 〈인기가요〉(SBS)는 1991년부터 1993년까지 방송되었다가 1998년에 다시 방송을 시작했다. 〈쇼! 음악중심〉(MBC)은 2005년부터 현재까지 방송되고 있다.

음악방송이 여전히 주목받는 이유는 팬들의 가장 큰 관심사인 순위제를 유지하고 있기 때문이다. '순위제'는 시청자에게 구체적인 정보를 제공하고 음반 산업의 현재를 중계한다는 장점을 지니지만, 순위가 갖는 상업적 수익 때문에 나타나는 문제점도 적지 않았다. 순위 선정의 불공정성, 특정 장르에 편중된 캐스팅, 특정 기획사의 순위 독점이 갖는 폐해 등이 문제로 지적되었고, 시민단체를 비롯해 팬덤의 공감을 얻으면서 음악 프로그램 순위 폐지운동이 일어났다.[6] 그 결과 2001년 KBS 〈뮤직뱅크〉가 순위제를 폐지했고, SBS, MBC 음악방송도 차례로 순위제를 폐지했다.[7] 하지만 현재는 음악방송 프로그램 모두 순위제를 유지하고 있다.

지상파 방송사의 음악 프로그램 외에 케이팝 관련 음악 프로그램으로는 〈KBS월드〉가 있다. 〈KBS월드〉는 출범 당시 해외 한

6 음악방송이 방송사 내부의 프로그램이라는 점을 이해해야 한다. 섭외가 관건인 방송사에 음악방송은 연예인들의 등용문 구실을 한다. 음악 순위 프로그램 출연은 곧 다른 예능 프로그램 출연을 전제로 한다. 방송사는 이를테면 어떤 가수에게 음악 프로그램 '1위'라는 명성을 주고, 그 대신 다른 프로그램의 게스트에 넣는 식으로 섭외력을 키운다. 이런 식으로 순위제가 곧 방송사의 권력이 되는 것이다. 특히 음악방송 초창기 때 방송사의 권력 남용이 심했다. 가장 오래된 지상파 음악 순위 프로그램이 〈가요톱10〉인데, 순위가 임의로 조작되는 경우가 많다는 소문이 파다했다. 특정 뮤지션을 다른 예능 방송에 출연시키기 위해 순위를 인위적으로 올렸다 내렸다 한다는 것이다. 반대 경우도 있다. 1등을 하는 인기 가수는 음악방송 시청률을 위해 무조건 방송에 나와야 했다. 만약 1위를 했는데도 다른 행사나 개인 사정 때문에 못 나와서 출연진 없이 1위를 발표하는 상황이 오면, 그 가수는 괘씸죄에 걸렸다. 그래서 해당 방송사의 다른 프로그램 출연에 대한 불이익을 주기도 했다. 서어리(2015.6.29), 〔다시, 순위제 폐지를 말하다 下〕 "음악방송 둘러싼 침묵의 카르텔, 곧 폭발한다", 이동연 한국예술종합학교 교수 인터뷰, 〈프레시안〉.

7 박송이(2007.8.20), "문화연대, '가요순위 프로그램' 부활 반대", 〈미디어오늘〉.

민족을 하나의 네트워크로 구축해 우리 문화를 세계에 알린다는 목적을 표방하고, 해외 현지인과 재외 동포가 선호하는 프로그램을 선별해 편성했다. 이 프로그램은 한류의 확산에 따라 성장을 거듭하면서 2013년 현재 세계 88개국의 주요 방송 플랫폼, 즉 케이블 방송, 위성 방송, IPTV, 디지털 지상파 등에 시청자가 가장 적은 비용으로 이용할 수 있는 기본 패키지 서비스인 베이식 채널로 진입해 접근성을 높였다. 또한 〈KBS월드〉는 시청자가 다수 거주하는 미국에서는 2004년 〈KBS아메리카〉, 일본에서는 2006년 〈KBS재팬〉, 중국에서는 2012년 〈KBS차이나〉 등을 각각 자회사로 설립해 현지 시장에 맞는 채널로 구성해 방송하고 있다.[8] 〈KBS월드〉의 경우, 음악 전문 프로그램뿐 아니라 케이팝 관련 예능 프로그램이 편성된 이후 한류 팬이 주요 시청층으로 부상했다. 2023년 4월 프랑스 파리에서 진행된 KBS의 〈뮤직뱅크〉 월드투어에 3만 3천여 명의 팬이 참여한 것으로 알려졌는데,[9] 아이돌 해외 팬덤이 늘어나면서 국내 지상파 방송사의 음악프로그램을 해외 팬들을 대상으로 현지에서 제작하는 빈도수도 꾸준히 늘고 있다.

이 외에 1995년 케이블 음악 전문 채널의 등장으로 종일 음악콘텐츠를 편성할 수 있다는 '차별성'을 통해 케이팝 중심의 다

8 이진로(2014), 《국제방송의 역사와 유형》, 커뮤니케이션북스.

9 김현우(2023.4.9), "'표 한 장에 71만원' 케이팝 직관 위해 '플렉스' 하는 프랑스 MZ세대", 〈여성경제신문〉.

양한 콘텐츠가 제작되었다. 진행자의 역할, 음악 프로그램의 다양한 내용 구성, 그리고 음악 순위 프로그램뿐 아니라 아이돌의 일상생활을 다루는 리얼리티 프로그램 등도 제작함으로써 시청자들은 음악을 다양한 시선에서 감상하고 즐길 수 있게 되었다. 다양한 케이팝 프로그램 제작 기반을 마련하는 데 음악 전문 케이블 채널의 역할도 컸다. 음악 케이블 채널은 많은 케이팝 가수들의 등용문이기도 했고, 무대 위 모습과 무대 밖의 모습을 다양한 리얼리티 프로그램을 통해 보여줄 수 있었기 때문이다.

케이블 음악 채널 KMTV는 1995년 3월 첫 방송을 시작한 음악 전문 유선 방송(케이블 텔레비전)이었다. 주요 프로그램으로는 공개 버라이어티 쇼인 〈쇼! 뮤직탱크〉, 길거리 시청자 리퀘스트 프로그램인 〈온 더 로드〉, 전문 VJ와 함께하는 즉석 리퀘스트 쇼인 생방송 〈N세대 공화국〉, 〈생방송 뮤직큐〉, 〈생방송 퀵서비스〉 등이 있다. 또 팝 전문 프로그램으로 〈월드팝스〉, 〈카운트다운 팝스 4〉, 전문 음악 프로그램으로 〈스타 줌 인〉, 〈힙합네이션〉 등이 방송되었다. 1995년 3월 개국한 엠넷은 초기 음악 전문 채널로서 음악 관련 예능 프로그램을 선보이며 그 영역을 확장했다. 이후 1997년 CJ 계열사로 편입되었고, 2000년대 케이팝의 인기로 엠넷 채널의 인기도 높아졌다. 〈슈퍼스타K〉를 비롯한 오디션 프로그램, 〈프로듀스 101〉 시리즈처럼 아이돌 오디션 프로그램뿐 아니라 케이팝 그룹의 리얼리티 프로그램도 꾸준히 제작하고 있다. CJ ENM은 CJ그룹이 2011년 미디어 계열 5개 사를 인수합병하고 방송, 게임, 영화, 음악/공연/온라인 등 4개 사업 부문으로 다각화해 종합적인 미디어, 엔터테인먼트 사업을 운영하고 있다. 여러 케이블 채널도 운영하고 있어 케이팝 음악을 꾸준히 방송하고 있으며, 아이돌의 성장에도 중요한 매개적 역할을 한다. CJ그룹은 가수 싸이의 〈강남스타일〉이 전 세계에서 인기를 끈 시기부터 해외에서 케이콘(KCON) 페스티벌을 개최하기 시작했다. 케이콘은 '한류의 모든 것'을 테마로 컨벤션과 콘서트를 결합한 형태로 진행되며, 2024년 5월 일본에서 열린 케이콘 재팬에는 역대 최다 관객이 참여한 것으로 나타났다.[10] 2024년 5월 기준 엠넷의 유튜브채널은 2,100만 명의 구독자를 보유하고 있다.

시상과 방송사를 통해 인지도를 얻고 다양한 분야로 진출할 수 있었던 음악 산업 구조는 채널 간 경쟁이 치열해지면서 변화를 맞이했다. 케이블 채널의 증가, 디지털 음원, 그리고 해외시장 진출 등이 동시다발적으로 이뤄지면서 수익성과 대중적 인지도를 얻기 위한 활동 기간은 점차 짧아졌다. 데뷔하는 아이돌이 늘어나고 아이돌 연습생을 다룬 오디션 프로그램도 늘어나면서 경쟁이 심화되었기 때문이다. 현재 케이팝 음악은 과거처럼 음반 발표 후 일정 기간 활동하던 방식을 찾아보기 어렵다. 과거 한 곡으로 짧게는 4주, 길게는 몇 달에 걸쳐 활동했지만, 빠르게 소비되는 음악 트렌드와 싱글앨범의 보편화로 달라졌다. 글로벌 팬

10 박수형(2024.5.14), "케이콘 재팬, 역대 최다 관객 14만 인파 운집", 〈ZDNet Korea〉.

덤을 보유한 아이돌의 경우 앨범 발매 후 국내 활동을 짧게 하고 해외 활동을 이어나가기도 한다. 국내 음악방송에 출연하는 것은 국내 팬들을 만나기 위한 방법으로 선택하고 있다. 국내 팬들은 아이돌의 주요 활동이 국내보다 해외에 집중되는 것에 불만을 나타내기도 한다.[11] 아이돌을 좀 더 가까이에서 보기 위해 팬들은 방송 음악 프로그램에 적극적으로 참여해왔다. 해외 활동에 비해 상대적으로 국내 활동 기간이 짧아지면서 방송사의 음악 프로그램은 더욱 중요한 역할을 하게 되었다. 이후 케이블 채널과 콘서트 등 다양한 국내외 페스티벌을 기획하는 국내 기업의 영향력도 커졌고, 아이돌이 해외 팬덤을 형성하면서 소속 대형 기획사도 음악 산업의 주요 활동 주체가 되었다. 다양한 주체가 음악 시장에서 문화를 생산하고 상업적 수익을 위해 경쟁하고 있으며, 성공을 결정짓는 흥행에 소셜미디어의 역할도 커졌다. 일례로 케이팝 팬덤의 주요 활동이나 '탈덕'[12] 움직임 등도 모두 해시태그를 통해 공유된다. 소셜미디어는 아이돌의 활동이나 기획사의 계획, 방송 관련 정보 공지 등을 확인할 수 있는 '장'이 되었다. 비교적 짧은 시간에 케이팝 시장이 성장했고, 기획사와 방송사, 관련 기업의 국내외 활동 반경이 넓어지면서 대중성을 측정하고 확인하는 과정을 시스템화할 수 있는 시간을 갖지 못했다. 그 과정에서

11 신규진(2019.7.27), "'해외 팬클럽과 왜 차별하나요' … 성난 팬덤, 일부는 '탈덕'까지", 〈동아일보〉.

12 어떤 분야나 사람에 대해 열성적으로 좋아하는 것을 그만둠.

여러 가지 문제가 발생하고 있다. 아이돌 오디션 프로그램의 투표 조작 논란, 아이돌을 지지하기 위한 음원 사재기, 음원 스밍 총공(스트리밍 총공격), 음원 플랫폼에서 가입·탈퇴 등을 반복하며 음원을 다운로드하는 '탈다' 등의 사례들이 나타나고 있다.[13]

케이팝 문화는 방송사와 케이블 채널, 엔터테인먼트 기획사가 운영하는 플랫폼과 글로벌 플랫폼 등을 통해 콘텐츠를 생산하고 팬들의 피드백을 받는 구조로 지금까지 성장해왔다. 성과 중심의 음악 산업 문제나 짧은 주기의 음악 활동, 아이돌 간의 경쟁 심화 등의 문제를 해결하기 위해 팬들의 음악 순위제 폐지 등의 운동도 있었지만, 디지털 미디어가 삶의 중요한 기반이 되면서 관련 데이터는 중요한 성공 기준이 되었다. 디지털 데이터는 케이팝 산업의 생산 주체들에게는 트렌드 정보의 수집, 팬들의 음악 향유 방식 등 문화생산의 동력을 구성하는 중요한 수단이자 기획사의 자산을 결정짓는 경제적 가치를 지니게 되었다.

대중음악, 소유에서 공유로

디지털 기술이 음악 산업에 본격적으로 영향을 미친 것은 1990년대부터다. 인터넷이 대중화되고 개인화된 컴퓨터 기기가 보급되면서 대중은 수용자(audience)에서

13 홍혜민(2021.5.5), "'스밍 총공' 시대는 갔다? 골칫덩이 '탈다' 뭐길래", 〈한국일보〉.

이용자(user)가 되었고, 이용자는 개인화된 디지털 기기를 통해 디지털 공간에서 다양한 경험을 할 수 있는 환경이 구축되었다. 대중음악의 경우, 디지털 기술이 구현되는 디바이스의 대중화로 인해 기존 문화 산업 생산 방식과 향유 방식도 변화했다.

인터넷 공간에서 파일 공유가 가능해지면서 창작자들의 작업 환경에 가장 먼저 영향을 미쳤다. MP3플레이어와 디지털 음원을 공유할 수 있는 P2P(peer to peer) 기술로 인해 이용자는 무료로 음악을 들을 수 있게 되었다. 미국은 냅스터(Napster)가 1999년 P2P를 활용한 음원 서비스를 시작했으며, 국내의 경우 '소리바다'가 2000년 서비스를 시작했다. 이용자에게 제공되는 음원 서비스가 갖는 편리함은 큰 주목을 받았지만, 창작자들의 반발이 거셌다. 음원을 무료로 이용하는 과정에서 창작자의 저작권을 고려하지 못했기 때문이다. 2001년 4월 미연방 지방법원의 미국음반협회와 냅스터 간의 소송은 인터넷을 통한 음악 저작권 침해와 관련된 상징적인 판결로 받아들여지고 있다. 법원은 파일 공유 프로그램을 제공한 인터넷 서비스도 저작권을 침해한 이용자와 마찬가지로 저작권 침해의 책임이 있으며 관련 서비스는 중단되어야 한다는 판결을 내렸다. 냅스터는 2001년 폐쇄되었고, 이후 음악 소프트웨어 업체 록시오(Roxio)가 2002년 냅스터의 이름과 자산을 인수해 유료 웹사이트를 개설해 합법적인 음악 다운로드 서비스를 시작했다. 2004년에는 AT&T 와이어리스 이용자에게 음원 다운로드 서비스를 하는 등 여러 자구책을 모색했고, 유료 서비스 이용자가 2005년 27만 명에 이르기도 했다.[14] 하지만 2003년 서비스를 시작한 애플의 아이튠스(iTunes) 음원 서비스가 강세를 나타내면서, 냅스터의 운영은 점차 어려워졌다. 애플은 음악 저작권 문제를 해결한 후 서비스를 시작했기 때문이다. 음반 회사에는 곡당 65센트를 지불했고, 소니뮤직, 유니버설뮤직, 워너브라더스레코즈, BMG, EMI를 파트너로 만들었다. 애플은 회사의 특성을 살려 아이튠스(iTunes)를 통한 음원으로 수익을 올렸을 뿐 아니라 MP3플레이어 기기인 아이팟(iPod) 판매로도 동시에 높은 수익을 냈다. 이에 비해 냅스터는 엄청난 손해배상액이 걸린 저작권 소송으로 인해 회사 운영이 점차 어려워졌고, 동시에 수익구소 개선안을 만드는 데 실패했다. 그리는 시이 빅테크 기업들이 자체 음원 서비스 플랫폼을 운영하는 방향으로 산업 흐름이 바뀌었다. 2008년에는 미국 가전업체인 베스트바이(Best Buy)가 냅스터를 인수했다. 가전업체도 디지털 산업의 도래로 모바일 기기나 디지털 서비스 부문 개편 등의 전략을 변경하기 시작하면서 나타난 인수 결과다.[15] 이후 2011년에는 미국 온라인 음악 서비스 랩소디(Rhapsody)가 냅스터를 인수했다.

2000년 서비스를 시작한 소리바다 역시 2002년 7월 음반복제등금지가처분 신청을 받아들여 MP3 파일 공유 서비스가 중단

14 이규태(2005.1.17), "냅스터, 유료 가입자 27만명 달해", 〈전자신문〉.

15 유주희(2008.9.16), "美 베스트바이, 냅스터 인수한다", 〈서울경제〉.

되었다. 판결이 있기 전까지 소리바다는 자사의 서버에 연결된 이용자의 컴퓨터에 저장된 다양한 장르의 많은 음악을 검색하고 다운로드할 수 있었지만,[16] 음원 정보의 공유 방식은 저작권을 침해한다는 결론이 나면서 서비스가 중단되었다. 이후 2007년부터 합법적 기준에 따라 서비스를 다시 시작했다.

냅스터나 소리바다의 서비스는 최초의 음원 공유 서비스 개발로 세계적인 주목을 받았지만, 흥행 기간은 길지 않았다. 기존 음반 산업도 실물 음반 판매 방식을 고수하기 어렵게 되었다. 저작권 논쟁 등 냅스터의 서비스를 막기 위한 여러 소송이 이뤄졌지만, 그 과정에서 음반 판매는 급감했고, 관련 업체들은 디지털 산업으로의 빠른 전환을 준비하지 못했다. 국내의 상황도 다르지 않았다. 소리바다의 무료 음원 공유 서비스의 빠른 확산 속도만큼 국내 음반 산업도 디지털 생태계로의 전환을 준비하지 못했다. 과거에도 음반 복제가 창작보다 저렴했고 전혀 비용이 들지 않는 것은 아니었지만, 디지털 기술환경에서 복제비용은 제로에 가깝게 되었고, 일반 사용자도 특별한 기술 없이 복제할 수 있는 환경이 조성되면서 이러한 문제가 발생한 것이다.[17]

16 김경호(2002), 〈MP3의 진보와 온라인 음악 저작권침해: 냅스터와 소리바다 판결의 의의〉, 《언론과법》 1, 259쪽.

17 서헌제(2006), 〈온라인 환경에서의 음악저작물 보호와 이용: 소리바다사건과 미국의 Napster, Grokster 사건의 비교〉, 《법학논문집》, 중앙대학교 법학연구원, 333쪽.

결국 오프라인 중심의 음반 판매를 통한 수익구조로 운영되던 국내 음반사들은 준비 없이 디지털 환경을 맞이하게 되었다. 스마트폰이 대중화되고 '멜론', '지니' 등 통신사가 운영하는 음원 스트리밍 서비스 경쟁이 심화되면서 소리바다의 가입자 수도 점점 감소했다. 디지털 음원 공유기술을 선보였던 냅스터와 소리바다는 음원 창작자들의 저작권 문제를 해결하지 못했고, IT 빅테크 기업들과의 경쟁에서 살아남지 못했지만, 대중에게 음악에 대한 인식의 변화를 경험할 기회와 음반 '소유'가 아닌 음원 '공유'를 통해 다양한 음원을 감상할 기회를 제공했다. 또한 음원 창작자들의 저작권 이슈에 대한 문제에 주목하게 했던 부분은 현재 지식재산권(IP)과 관련해 다양한 사회적 담론을 구성할 수 있는 기반을 제공했다고 볼 수 있다.

2
음원 스트리밍 플랫폼

1999년 정점을 찍은 전 세계 음원 산업 매출은 줄곧 감소 추세를 나타냈지만, 17년 만인 2016년 처음으로 성장세를 기록했다. 미국에서도 냅스터로 촉발된 디지털 음원 서비스 경쟁은 전자 기기, 모바일 기기 등을 생산하는 기업들이 음원 서비스도 동시에 수행하면서 시장 경쟁이 치열해졌고, 글로벌 음원 서비스가 등장했다. 2008년 출시한 음악 스트리밍 서비스 스포티파이(Spotify)가 서비스를 시작하면서 음원시장의 지형도 본격적으로 달라졌다. 미국 대중음악 전문지 〈빌보드(Billboard)〉가 발표한 2017년 음악계에서 가장 영향력 있는 100인 중 35위는 스포티파이 창업자 겸 최고경영자인 다니엘 에크(Daniel EK)가 차지했다. 미국 경제지 〈포브스(Forbes)〉도 2012년 1월 에크를 표지 모델로 내세우며 '음악 산업에서 가장 중요한 인물'이라고 평가할 만큼 음악 산업에서 스트리밍 플랫폼의 영향력은 커졌다.[18] 스포티파이는 2008년 스웨덴에서 서비스를 시작해 전 세계 183개국에서 1억 9,500만 명의 유료 가입자를 보유한 세계 최대 음원 스트리밍 서비스로 평가받고 있다.[19] 스포티파이는 팟캐스트와 오디오북 서비스에도 진출하면서 아마존, 애플, 유튜브 등과 경쟁하고 있다. 스트리밍 플랫폼에 대한 접근성과 대중의 인식이 달라지면서 뉴스 플랫폼에도 스트리밍 서비스가 확산되고 있는 추세다.

미국레코드협회(Recording Industry Association of America, RIAA)에서 발표한 자료에 따르면, 2022년 미국의 레코드음악 수익은 추정 소매 가치(Estimated retail value) 기준 159억 달러를 기록했고, 7년 연속 성장한 것으로 나타났다. 이러한 성장에는 유료 구독 스트리밍의 증가가 꼽힌다. 2022년 유료 구독 스트리밍 서비스 수익은 102억 달러를 기록해 전체 스트리밍 수익의 77%를 차지했고, 유료 음악 구독자는 2021년 10% 증가해 9,200만 명을 나타냈다. 이 외에도 유튜브, 스포티파이의 광고 버전 같은 광고 지원 주문형 서비스 시장은 2022년 전년 대비 6% 증가한 18억 달러로 나타났다.[20] 2020년 이후 미국 미디어들의 디지털 뉴스 전략도

18 고경석(2018.1.27), "합법적 무료 음악 서비스 고안한 '스트리밍의 최강자'", 〈한국일보〉.

19 스포티파이 2024년 1분기 전 세계 월간 활성 사용자 수는 6억 1,500만 명으로 나타났다. https://newsroom.spotify.com/company-info/

20 한국콘텐츠진흥원(2023), 〈2023 해외 콘텐츠시장 분석〉, 56쪽.

바뀌었는데, 디즈니플러스, 애플TV+를 시작으로 스트리밍 서비스 이용자가 빠르게 증가했기 때문이다. 이용자의 미디어 이용환경에 맞추기 위해 뉴스룸도 자체 '미래 TV 플랫폼' 전략으로 스트리밍에 접근하기 시작했는데, 뉴스 콘텐츠 단위의 경쟁과 함께 뉴스를 전달할 스트리밍 서비스가 필요했기 때문이다. 퓨리서치센터의 2021년 11월 조사에 따르면 미국 성인의 84%가 스마트폰·PC·태블릿 등으로 뉴스를 가끔 혹은 자주 시청하고 있었고, 이 중 상당수가 스트리밍 플랫폼으로 뉴스를 이용하고 있는 것으로 나타났다.[21] 정보를 소비하는 방법으로 스트리밍 방식을 선택하는 이용자가 많다는 것을 알 수 있다.

디지털 기술은 음악에 대한 능동적 사고가 가능한 환경을 제공했으며, 그로 인해 대중의 감각과 인식을 완전히 다른 방식으로 바꾸어놓았다. 스트리밍 플랫폼을 통해 음악을 향유하게 되면서 '1분 듣기', 곡에 대한 빠른 정보제공, 전 세계의 다양한 장르별 음악 트렌드를 한 번에 확인할 수 있게 되었다. 이러한 경향은 음악 생산에서도 멜로디의 핵심이 되는 후렴구를 앞으로 끌어내는 등의 변화를 시도한 곡이 늘어나게 되었다. 스트리밍 플랫폼의 일상적 이용은 음악을 시각적으로 감상하는 방식을 자연스럽게 받아들이게 했다. 유튜브 플랫폼에 공개한 〈강남스타일〉의 뮤직

21 유현우(2023), 〈미국 음반산업협회(RIAA), 2022년 연례매출 보고서 발표〉, 《저작권 동향》 3, 1-2쪽.

비디오가 다른 어떤 유통 플랫폼보다 큰 주목을 받을 수 있었던 원인은 수동적으로 음악을 소비하기보다 적극적으로 참여하는 참여형 음악 즐기기가 가능한 디지털 플랫폼을 잘 활용했기 때문이다. 국내의 음악 스트리밍 플랫폼은 카카오멜론, 네이버뮤직 바이브(VIBE), SK텔레콤 FLO, KT의 지니뮤직 등이 있는데, 이 외

국내 음악 스트리밍 플랫폼

구분	음악 플랫폼	AI 스피커	엔터테인먼트 협력사
카카오	카카오멜론	카카오 미니	- 로엔엔터테인먼트 인수 - 페이브, 크래커, 스타쉽, 킹콩 등 자회사 매니지먼트 사업 - BH엔터테인먼트, 제이와이드컴퍼니 일부 지분 인수
네이버	네이버뮤직/ 바이브/ 라인뮤직	클로바	- YG엔터테인먼트 2대 주주 - YG플러스와 바이브 공동운영 - YG플러스 일본 라인뮤직 케이팝 음원 유통
SK텔레콤	FLO	누구	- 2015년 '뮤직메이트'라는 이름으로 정식으로 출시 - 아이리버와 SM컬처앤콘텐츠(SM C&C)에 유상증자. 2018년 11월 FLO로 명칭이 변경됨 - SM과 JYP, 빅히트 음반 및 음원 콘텐츠 B2B 유통
KT	지니뮤직	지니	- CJ디지털뮤직 합병 - OTT 플랫폼 티빙의 KT 시즌 합병

출처: 홈페이지 자료 정리.

에도 글로벌 플랫폼인 애플뮤직, 스포티파이 등과도 경쟁해야 하는 상황이다.

위의 표에서도 알 수 있듯이, 국내 음원 스트리밍 플랫폼 간 경쟁도 치열하다. 이용자 수는 한정되어 있는 데 반해 국내뿐 아니라 해외의 스트리밍 플랫폼과도 경쟁해야 하기 때문이다. 이에 통신사와 음원 스트리밍 플랫폼, AI 스피커 서비스 등 복합적 서비스를 제공하면서 케이팝 팬들의 일상생활에 유입하려는 전략을 선택하고 있다. 디지털 미디어 환경이 일상생활에 미치는 영향력이 커지면서 이용자는 자신만의 환경에서 자율적으로 음원서비스를 이용하게 되었고, 오랫동안 하나의 플랫폼만 이용하기보다 자신의 상황과 취향에 따라 플랫폼을 바꿔 이용하는 사례도 빈번하게 늘고 있다. 디지털 환경에서 음원을 소비하는 방식은 한 곡을 집중해서 듣기보다 다른 일을 하면서 들을 수 있는 일종의 배경음악 같은 형식으로 이용하는 경우도 많다. 아이돌 걸그룹 〈뉴진스〉 음악의 흥행요인에 대한 분석은 이와 일맥상통한다. 이용자가 스트리밍 플랫폼을 통해 음악을 즐겨듣는 소비 방식이 자리 잡게 되면서 가사, 장르, 연주 스타일별로 분류해 음악적 장르를 명확히 했던 방식과도 다르고, 아이돌 걸그룹이 '걸크러시' 같은 특징으로 강렬한 콘셉트로 활동했던 방식과도 다르다. 〈뉴진스〉 음악은 듣기 편한 '이지 리스닝' 스타일의 곡이라는 평이 지배적이다.[22] 또한 발표한 전곡의 뮤직비디오를 촬영했다는 점도 최근 음악을 듣는 이용자의 취향을 겨냥한 전략이라고 볼 수 있다. 스트리밍으로 음악을 듣고, 유튜브 등의 소셜미디어 플랫폼을 통해 볼 수 있는 영상콘텐츠로서의 역할을 뮤직비디오가 수행한 것이다. 미국카툰네트워크의 인기 애니메이션 캐릭터인 파워퍼프걸과의 협업을 통해 뮤직비디오를 제작하거나 스포티파이와의 협업을 통해 '버니랜드' 캠페인을 하기도 했다.[23] 케이팝은 태생적으로 새로운 음악 소비자층 확보에서 시작되었고, 일본의 음악 제작 방식과 다양한 음악적 장르를 활용해 산업을 형성해왔다. 따라서 디지털 기술 활용에도 적극적이고, 이용자의 라이프스타일과 음악 소비 취향 등에 맞는 맞춤형 음원 생산을 하고 있는 상황이다.

22 서정민(2024.2.28), "요즘 K팝 화두는 '친밀감' … '이지 리스닝'과 '오디션' 전략 뜬다", 〈한겨레〉.

23 조유빈(2023.8.28), "케이팝 공식깼다 … 뉴진스의 방식, 무엇이 달랐나", 〈시사저널〉.

3
유튜브(Youtube): 보고 듣는 음악

과거 텔레비전 방송 중심의 실시간 음악 중계와 아날로그 음원 중심의 대중음악은 현장성, 실연성, 유한성으로 인해 시청자의 관심을 끌었다. 연주나 관람 방식도 편성 시간대에 맞춰 음악을 감상하거나 공연장에서의 감동을 선택하는 대중이 많았다. 하지만 지금은 스마트 기기를 이용해 개인이 선택한 플레이리스트를 구성할 수 있고, 월 구독료를 지불하기만 하면 매일 발표되는 새로운 모든 음악을 감상할 수 있는 시대가 되었다. 이처럼 음악 스트리밍 플랫폼이 이용자의 일상생활에서 중요한 역할을 하게 되었다.

아날로그 시대의 음원 순위와 디지털 스트리밍 시대의 음원 순위는 취합 기준과 방식의 차이가 있지만, '음원 순위'가 갖는 권력은 여전히 유효하다. 포털 사이트의 '실시간 검색어'처럼 스포티파이, 멜론, 지니뮤직 등 음악 스트리밍 플랫폼의 음원 순위는 마치 대중음악 상황을 현장 중계하는 것 같은 느낌을 전달한다.

유료 구독자의 취향이 순위에 반영되고, 개인의 플레이리스트를 공유할 수도 있다. 팟캐스트 같은 서비스도 동시에 하고 있고, 케이팝부터 클래식, 재즈, 인디음악에 이르기까지 서비스되는 장르도 다양하다.

모두가 듣는 음악으로서의 음원 순위는 여전히 존재하지만, 동시에 '내'가 좋아하는 음악으로서 '나'만의 개인화된 취향도 중요하다. 케이팝 음악 산업에서 팬들과의 일대일 서비스에 집중하는 사례가 많이 등장하는 이유도 글로벌 팬덤으로서 케이팝 음악을 향유하는 것만큼 나만의 취향, 나만의 즐거움을 느끼는 감정의 소비 방식도 중요하기 때문이다. 따라서 음악을 감상할 수 있는 스트리밍 플랫폼이 다양해지면서 개인 취향 중심의 음악 소비가 가능해졌다. 국내뿐 아니라 해외 서비스가 국내에서도 이용 가능해지면서 국내외의 음악 산업 구조도 변화하고 있다.

음악 산업 구조의 변화에 여러 요소가 원인을 제공했지만, 유튜브 플랫폼의 대중적 소비가 큰 영향을 미쳤다. 유튜브의 경우 음원뿐 아니라 뮤직비디오, 아이돌의 일상을 다룬 영상 그리고 팬들의 리액션까지 다양한 정보를 소비할 수 있는 환경을 제공한다. 케이팝 가수와 기획사 채널 운영뿐 아니라 음악을 즐겨듣는 팬들 역시 유튜브 채널을 통해 다양한 리액션 콘텐츠를 공유하고 다른 팬들과 공감하는 즐거움을 느낄 수 있다. 유튜브 채널을 찾게 되는 이유는 음악이라는 대중예술의 가치를 즉각적이고 감각적으로 느낄 수 있게 해주기 때문이다.

가수 싸이의 〈강남스타일〉이 유튜브를 통해 전 세계적 인기를 얻게 되면서부터 유튜브는 케이팝의 글로벌화에 빼놓을 수 없는 중요한 매개 역할을 하고 있다. 〈강남스타일〉은 한국어로 녹음된 노래이지만 언어적·문화적 차이를 극복한 문화 소비 현상으로 볼 수 있다. 특히 이 노래가 큰 인기를 끈 데는 뮤직비디오 속 신나는 춤을 보고 따라 하는 즐거움이다. 그리고 이러한 즐거움은 영상콘텐츠에 담겨 전 세계 사람들과 함께 즐기는 문화를 만들었다. 수많은 영상 속에는 같은 춤을 추지만 유튜브 이용자의 색다른 모방과 해석을 볼 수 있는 재미가 존재한다. 이러한 재미는 함께 보고 즐기는 '감정 네트워크'를 구축했고, 빠른 속도로 정서적 교감을 가능하게 만들었다. 이용자는 유튜브 등의 동영상 공유 서비스, 방송사의 음악 프로그램, 가수들의 뮤직비디오, 개인 이용자가 촬영한 공연 동영상 등 다양한 종류의 영상을 언제든지 공유할 수 있게 되었다.

한편, 음악을 듣고 즐기는 과정을 공유할 뿐 아니라 윤리적 소비를 위한 아이디어 교류도 활발하다. 영국 록밴드 U2는 2009년 10월 25일 미국 LA에서 열린 콘서트 실황을 유튜브를 통해 생중계하는 방법을 선택하기도 했다. 이후 유튜브를 통해 콘서트를 생중계하는 사례가 꾸준히 늘었고, 코로나19 팬데믹 시기 케이팝 콘서트도 유튜브로 생중계되었다. 2021년 SM엔터테인먼트는 유튜브를 통해 1월 1일 온라인 무료 콘서트를 중계했는데, 186개국에서 팬들이 유튜브 채널을 통해 콘서트를 관람한 것으로 조사되었다.[24] 유튜브에는 케이팝 관련 다양한 채널이 존재하는데, 아이돌 가수들의 팬덤 규모, 사회적 인지도 등을 데이터화해서 보여주기도 한다. 구독자 수, 조회수, 동영상 개수 등 데이터를 기반으로 케이팝 음악의 인지도와 주목도를 양적 데이터로 전환한다. 유튜브 랭킹 제공 사이트에서 제시하고 있는 케이팝 음악/댄스/가수 분야의 채널 구독자 순위를 살펴보면 다음과 같다.

유튜브 구독자 순위(2023.6.17 기준)

순위	가수	구독자 수	다시 보기	동영상 개수
1	BLACK PINK	8,920만 명	317억 16만 뷰	531
2	BANGTANTV	7,530만 명	206억 773만 뷰	2,243
3	HYBE LABELS	7,090만 명	282억 5,258만 뷰	1,291
4	SMTOWN	3,170만 명	271억 5,520만 뷰	4,136
5	JYP Entertainmnet	2,720만 명	180억 8,425만 뷰	1,704
6	1M(1MILLION Dance Studio)	2,570만 명	75억 6,662만 뷰	4,000
7	1theK	2,450만 명	238억 6,555만 뷰	10,173
8	Mnet K-POP	2,050만 명	14억 8,844만 뷰	16,590
9	KBS WORLD TV	1,900만 명	150억 뷰	26,177
10	officalpsy	1,810만 명	44억 뷰	130

출처: youtube-rank.com

24 양승준(2021.1.2), "'나은 세상 위해' … SM, 새해 온라인 무료 공연 '186개국서 시청'", 〈한국일보〉.

위의 표에 제시된 것처럼 가수 싸이의 officalpsy 채널은 2012년 〈강남스타일〉에 대한 관심이 지금까지도 이어지고 있음을 보여준다. 케이팝 팬들의 '놀이문화'인 '케이팝 커버댄스'가 인기를 끌면서, 국내 인기 댄스 그룹에 대한 관심도 높아졌다는 것을 원밀리언 채널의 순위를 통해서도 알 수 있다. 그리고 KBS 〈월드TV〉를 통해 지상파 방송사의 오랜 음악방송 콘텐츠 유튜브 채널중계도 높은 순위를 나타낸다. 유튜브로 음악을 듣는 이용자 수가 많을뿐더러 편리한 환경에서 음악을 소비할 수 있기 때문이다.

유튜브 이용자가 늘어나면서 유튜브 플랫폼이 중계하는 음악의 영향력은 더욱 커졌고, 문화생산·재생산 측면에서도 중요한 역할을 하게 되었다. 케이팝 콘서트, 이용자 개인이 촬영한 콘서트 영상 공유, 케이팝 엔터테인먼트 기획사의 공식 채널 등이 모두 유튜브 플랫폼 안에 존재하고, 그 채널들을 넘나들며 댓글을 남기거나 관련 후기 영상을 남기는 케이팝 팬들의 능동적 문화생산 역량은 지금의 케이팝을 존재하게 하는 중요한 동력이기도 하다. 유튜브 플랫폼 이용자는 지역과 언어의 경계를 넘어서 음악을 즐길 수 있고, 유튜브를 통해 소비자에게 직접 콘텐츠 전달이 가능해지고 있어 음원 '유통사' 역할을 약화시키고 있다는 평이 지배적이다.[25]

25 이러한 경향은 음악 장르뿐 아니라 드라마와 영화 장르에도 적용될 수 있는 문제다. 글로벌 OTT가 전 세계 이용자를 유입해 콘텐츠 채널로서의 영향력이 커지면서 국내 방송사의 제작환경은 점차 어려워지고 있다.

유튜브 플랫폼은 케이팝 팬덤의 소통의 '장'이자 다양한 콘텐츠를 집약적으로 보여주는 특징을 지닌다. 싸이의 〈강남스타일〉 뮤직비디오의 영향력을 학습한 글로벌 팬덤을 갖고 있는 많은 아이돌 소속 기획사들은 대중의 취향을 직접적으로 확인하고 정보를 수집할 수 있는 플랫폼으로 유튜브를 활용하고 있다. 리액션 비디오, 커버댄스, 아이돌 가수들의 브이로그, 실시간 댓글 등 많은 정보를 수집할 수 있다는 점에서 유튜브 플랫폼은 앞으로도 유용하게 활용될 것이다.

4
취향과 체험의 문화, 케이팝

일상생활에서 정보를 수집하고 타인과의 관계를 유지하는 데 디지털 플랫폼의 영향력은 점차 커지고 있다. 특히 코로나19 팬데믹을 거치면서, 사람과 사람의 관계맺음에서 그 역할은 더욱 중요해졌다. 비대면 생활이 길어지면서 가상공간에서의 커뮤니케이션을 편하게 받아들이는 사람들도 늘어났다. 게임에 익숙한 1020세대는 캐릭터로 자신을 이야기하는 방식에 익숙하다는 특징도 작용했다. 타인을 만나고, 나의 이미지를 구성하는 방식은 '디지털 정보 관리'이자 '디지털 놀이'가 되었다. 특히 디지털 공간에서 이뤄지는 커뮤니케이션이 '디지털 놀이'로 규정되는 이유는 플랫폼을 통해 콘텐츠를 생산하고 공유하는 것이 일상생활의 많은 부분을 차지하게 되었기 때문이다.

디지털 공간에서 머무르는 시간이 늘어나면서 이용자는 스스로 자신의 이미지와 역할을 구성할 수 있게 되었다. 디지털 미디어 플랫폼을 이용하는 '나'는 하나가 아닌 여러 명의 '나'로 구성된다. 소셜미디어 플랫폼의 경우 세컨드 계정을 가진 이용자도 늘어나고 있는 것으로 알려져 있다. 일례로 2022년 2NE1 멤버 산다라박은 세컨드 계정을 만들었다며 팬들에게 공지하기도 했다. 산다라박은 자신의 세컨드 계정을 통해 기존의 아이돌 활동의 틀에서 벗어나 자유로운 모습을 팬들과 공유할 것임을 예고했다. 이처럼 아이돌 개인, 이용자 개인들의 미디어 이용 환경 변화는 케이팝 산업에도 영향을 미쳤다. 케이팝 산업 역시 디지털 기술을 활용한 다양한 상품과 체험 기회를 제공하기 때문에 미디어가 매개하는 일상생활은 기획사의 전략을 세우는 데 중요한 정보가 된다. 케이팝뿐 아니라 현재의 대중음악은 디지털 미디어 플랫폼을 통해 감상하는 방식이 보편화되었다. 가장 대표적인 콘텐츠 소비 플랫폼은 유튜브다. 그 외에 틱톡(TikTok), 인스타그램(Instagram) 같은 영상 스트리밍 플랫폼을 통해 음악을 소비하는 방식도 크게 증가했다. 틱톡의 경우 자체 편집 기능이 있어 이용자가 쉽게 영상을 만들 수 있는 서비스가 제공된다는 점도 10대와 20대 이용자가 많은 이유다. 특히, 삽입된 음악의 저작권료를 지급하지 않아도 된다는 점이 영상을 제작할 때 이용자가 느끼는 큰 장점이다.

국내 음원 스트리밍 플랫폼 멜론은 틱톡과의 협약을 통해 2019년 8월 '멜론으로 재생' 기능을 추가했다. 인스타그램 이용자의 증가에 따라 음악에 대한 관심을 유도하고 이용자의 직접 생산과 공유가 가능한 틱톡은 짧은 영상을 음악을 들으면서 볼 수 있고, 이러한 기능을 바탕으로 음악을 매개로 하는 놀이문화 플랫폼으로 자리 잡게 되었다.[26]

대중음악은 미디어 기술의 발달과 그 궤를 같이한다. 현장에서만 감상이 가능했던 음악은 저장 기술이 발달하면서 음악 소비 방식도 변화해왔다. 대중음악을 향유하고 다양한 장르를 유행시키는 데 미디어 기술이 중요한 역할을 해왔다. 일례로 LP가 등장하면서 대중은 음악을 소장하게 되었고, 휴대가 가능한 카세트테이프가 등장한 후 비교적 낮은 비용으로 음원을 소유할 수 있게 되었다. 또한 휴대용 디바이스가 대중화되면서 대중은 자신만의 공간에서도 음악을 즐길 수 있게 되었다. 워크맨은 휴대가 가능해지면서 음악을 감상하는 시간과 공간을 선택할 수 있다는 편리함을 제공했다. 이후 CD와 CD플레이어의 등장으로 음악·음원의 디지털화는 음원 손실을 줄이고, 더 많은 음악을 더 다양한 방식으로 감상·소비할 수 있는 환경이 형성되었다. MP3는 음원을 파일 방식으로 변환하게 해주었고, 디지털 음원 중심의 스트리밍 서비스를 대중화시켰다. 현재는 음악 스트리밍 플랫폼을 이용하는 것이 대세가 되었고, 디지털 플랫폼의 음원 순위와 유료 구독자 수가 음악 산업에 미치는 영향력은 더욱 커졌다.

26 한국콘텐츠진흥원(2021), 〈디지털전환 시대 콘텐츠 이용 트렌드 연구: 온라인 동영상, 온라인 공연, 메타버스, 오디오콘텐츠〉, 25쪽.

모두가 듣는 음악으로서의 음원 차트 순위는 여전히 존재하지만, 동시에 '내'가 좋아하는 음악으로서의 나만의 취향을 확인하고 공유하는 것 역시 음악을 듣는 데 중요한 요소다. 케이팝 음악 산업에서 팬들과의 일대일 서비스에 집중하는 사례가 많이 등장하는 이유도 글로벌 팬덤으로서 케이팝 음악을 향유하는 것도 중요하지만, 동시에 나만의 취향, 나만의 즐거움을 느끼는 감정의 소비 방식도 중요하기 때문이다. 기존의 음악을 향유하는 방식보다 플랫폼의 다양화와 개인 취향 중심의 음악 소비 방식이 대세가 되면서, 국내뿐 아니라 해외 음원 플랫폼 서비스도 국내에 진출하기 시작했다.

2021년 한국 서비스를 시작한 스포티파이의 경우, 해외에서는 가장 이용률이 높은 스트리밍 서비스다. 애플뮤직과 '유튜브 레드+뮤직' 프리미엄도 비교적 높은 유료 이용자 수를 보유하고 있다. 유튜브 프리미엄 구독자 수는 1억 명이 넘은 것으로 알려졌는데, 2021년 9월 이후 2배가량 증가한 것으로 나타났다.[27] 스포티파이 같은 온라인 음악 스트리밍, 사운드 클라우드, 그리고 윈크는 페이스북 같은 소셜미디어 플랫폼과 연결되어 있다. 이를 통해 사용자는 다른 사용자와 음악 및 재생 목록을 공유할 수 있게 되었다. 이러한 서비스는 구독자 수의 증가에도 영향을 미친다. 스포티파이는 2021년 2분기 전 세계 음악 스트리밍 시장의 1위로

27 이정현(2024.2.2), "유튜브 프리미엄 구독자 1억 명 넘었다", 〈ZDNET Korea〉.

31%의 점유율을 나타냈고, 애플뮤직은 같은 시기에 전 세계 음악 스트리밍 시장의 15%를 점유한 것으로 나타났다. 아마존뮤직과 텐센트뮤직이 각각 13% 점유율, 유튜브뮤직의 점유율은 8%로 나타났다.[28] 앞서 살펴봤듯이, 글로벌 스트리밍 플랫폼의 국내 점유율은 낮은 편이다. 스포티파이는 2021년 2월 전 세계에서 93번째로 한국 서비스를 시작했지만, 2022년 국내 점유율은 1%대에 머물러 있다.[29]

국내외 음악 스트리밍 플랫폼의 현황을 살펴보면, 스포티파이는 빅데이터를 중심으로 복잡한 알고리즘을 개발하고 적용하면서 다양한 큐레이션 서비스를 제공한다. 멜론은 2023년 9월부터 음악을 들으며 채팅을 할 수 있는 '뮤직 웨이브' 서비스를 시작했고, 지니뮤직은 공연 플랫폼 '스테이지'를 통해 아티스트와 팬들이 실시간 라이브로 양방향 소통을 할 수 있는 서비스를 제공하고 있다.[30]

국내 음원시장의 경우 온라인으로 음악을 듣는 비율이 팬데

28 김익현(2022.1.20), "애플, 스트리밍 시장 넘버2 … 구글은 성장률 1위", 〈지디넷코리아〉.

29 앱 분석 업체 모바일인덱스가 내놓은 시장점유율 자료를 보면, 국내 음원 스트리밍 플랫폼 1위는 멜론(37.28%)이다. 이어 지니뮤직(19.24%), 유튜브뮤직(19.22%), 플로(13.31%)가 2~4위로 중위권을 유지했다. 네이버 바이브(4.08%), 카카오뮤직(3.05%), 벅스(2.37%)가 뒤를 이었다. 스포티파이(1.46%)는 8위다(한겨레, 2022.2.24).

30 박정선(2023.9.20), "셋리스트 예측하고, 댓글 만들고 … 이용자 니즈 반영하는 음원 플랫폼", 〈데일리안〉.

믹 이전보다 높아졌다. 온라인으로 음악을 소비하는 이용자가 증가하면서 국내 음악 스트리밍 플랫폼은 다양한 서비스를 제공해 이용자의 관심을 끌기 위해 노력했다. KT의 지니뮤직은 VR 콘서트를 제작했고, 아이돌 메타버스 앨범을 발매하기도 했다. 멜론은 음원 서비스에서 더 나아가 '멜론 스테이션'을 통해 음악 토크쇼도 선보이고 있다.[31]

2000년대 후반 이후 케이팝이 본격적으로 서구 시장에서도 존재감을 드러낼 수 있었던 것 역시 디지털화에 따른 대중음악 소비자의 취향 분화 및 그에 따른 틈새시장 형성에 기인한 바가 크다. 유튜브 플랫폼을 통해 다양한 음악 소비와 확산이 이뤄졌고, 새로운 디지털 기술을 활용해 새로운 음악체험의 시도가 더 힘을 받게 된 것이다.

케이팝 중심의 대중음악 영역에서는 통신사의 음원 플랫폼, 엔터테인먼트사에 의한 케이팝 가수의 데뷔전략, 아이돌 팬덤과의 상호작용 등이 중요한 요소였는데, 코로나19 팬데믹으로 기존의 케이팝 관련 운영 방식이 진행될 수 없는 상황으로 인해 메타버스, AI 목소리 서비스, 아바타 등 케이팝 아이돌 가수를 디지털 공간에서 만나고 노래를 즐길 방법을 제안하는 데 집중하기 시작했다. 이용자나 팬들도 새로운 기술로 선보이는 케이팝 콘텐츠에

31 윤혜진(2022.3.10), "'광야'에서 공연하며 새 먹거리 찾아 나선 K팝 산업", 〈여성동아〉.

큰 관심을 나타냈다. 케이팝 음악은 대중의 감정 네트워크를 형성하는 데 중요한 역할을 할 뿐만 아니라 빅테크 기업에게도 새로운 시장 진출이라는 가능성을 제공하는 산업이 되었다. 스트리밍 음원 사이트로 음악을 듣고, 뮤직비디오를 감상하는 것만으로는 지금의 대중의 관심을 끌기 쉽지 않다. 대중의 관심과 참여가 중요한 케이팝은 앞으로도 디지털 기술을 적용한 다양한 서비스와 콘텐츠를 선보일 것이다.

Media
tech/
\k-pop

4장
새로운 기술의 각축장이 된 케이팝

1
디지털화되는 커뮤니케이션: 메타버스와 AI

케이팝은 음악을 즐겨 듣는 팬들의 적극적 참여가 다른 음악과 갖는 가장 큰 차별점이다. 이러한 특징을 유지할 수 있는 이유는 무대 위에서 보여주는 아이돌의 춤을 커버하는 즐거움이 크기 때문이다. 케이팝 팬덤 문화에서 커버댄스(Cover Dance)는 팬문화 형성에 중요한 역할을 해왔다. 케이팝이 동아시아 지역을 넘어 미국을 비롯한 서구 지역에 본격적으로 팬층을 만들어가기 시작한 2011년 무렵부터 '케이팝 커버댄스'라는 이름으로 케이팝 아이돌 그룹의 춤을 팬들이 따라 한 영상이 유튜브를 통해 점차 확산되기 시작했다. 유튜브를 통한 뮤직비디오 감상이 보편화되면서 팬덤의 음악 소비 방식도 변화했다. 이러한 변화를 감지한 케이팝 음악 생산 관련 다양한 주체들도 유튜브 채널을 개설해 관련 정보를 공유하고 있다. 이에 국내 연예기획사뿐 아니라 방송국 및 한류 정책 지원 관련 정부기관에서는 케이팝 커버댄스 참여자들이 한자리에 모여 음악을 즐길 수 있도록 2011년부터 정부에서 주관하는 공식적인 '케이팝 커버댄스 경연대회'를 개최하고 있다.[1] 케이팝 커버댄스가 확산되는 데는 유튜브가 큰 역할을 했다. 이처럼 아이돌의 캐릭터를 가장 잘 확인할 수 있는 수단이 바로 디지털 플랫폼이기에 이를 통한 커뮤니케이션은 팬덤을 끈끈하게 연결하는 데도 중요한 역할을 해왔다. 팬들은 SNS '알람'을 통해 아이돌의 활동 소식이나 일상을 즉각적으로 확인할 수 있고, 예고에 없던 '라이브 방송'으로 아이돌과 함께 시간을 보내기도 한다. 이와 같이 콘서트, 팬미팅 등 현장에서 형성되어온 팬과 아이돌의 관계성은 디지털 공간에서도 이어진다. 아이돌에 대한 팬들의 요구를 기획사나 아이돌에게 전달하는 등 소통 창구로서의 역할도 하고 있다.

이러한 디지털 플랫폼의 역할은 팬데믹 시기에 더욱 빛을 발했다. 코로나19가 확산되었던 당시, 능동성과 상호작용이 중요했던 케이팝 관련 이벤트는 모두 중단되었다. 엔터테인먼트 회사들은 대안을 모색하기 위해 디지털 기술 활용 방식에 큰 관심을 기울였다. 코로나19 팬데믹 시기에 물리적 연결을 대체할 디지털 교감 및 관계 유지의 새로운 경험을 제공할 수 있다는 가능성 때문이었다. 일례로 마인크래프트 멀티플레이는 코로나19 팬데믹

1 이규탁(2014), 〈케이팝의 세계화와 디지털화: 유튜브 반응 동영상과 커버 댄스 경연대회〉, 《한류비즈니스연구》 1(1), 76쪽.

기간 동안 이용자 수가 전년 대비 90% 증가한 것으로 나타났다.[2] 네이버 메타버스 플랫폼인 제페토(ZEPETO)[3]는 2018년 출시된 이후 3년 만에 전 세계 200여 국가에 서비스되었고, 그 결과 가입자 수가 약 3억 명인 것으로 알려졌다. 그리고 제페토 이용자 중 약 95%가 해외 이용자인 것으로 나타났다.[4]

케이팝 산업도 팬들의 요구와 지속가능한 아이돌 활동을 위한 방법을 모색했고, 다양한 신기술을 적극적으로 활용하기 시작했다. 메타버스,[5] AI 기술을 활용한 서비스 제공, 그리고 비대면 콘서트 등 짧은 준비 기간에 비해 디지털 기술에 기반한 여러 이

2 이승희·이상범(2022), 〈콘텐츠 분야 메타버스 생태계 활성화 방안 연구〉, 한국콘텐츠진흥원.

3 네이버제트가 운영하는 증강현실 아바타 서비스.

4 제페토 플랫폼에서는 사용자에게 텍스트, 그래픽, 이미지, 삽화, 디자인, 아이콘, 사진, 동영상 등 다양한 자료를 제공하며, 사용자는 제페토가 제공하는 콘텐츠를 이용해 사진, 동영상 텍스트, 그래픽 아이템 등의 사용자 콘텐츠를 제작할 수 있다. 제페토 콘텐츠의 저작권 등 지적재산권은 제페토 운영사인 네이버네트에 있으며, 사용자 콘텐츠의 저작권 및 기타 지적재산권은 사용자에게 있지만, 제페토에 현재 또는 추후 개발되는 모든 미디어 및 배포 매체에 해당 콘텐츠의 사용 권한을 부여하고 있다. http://www.insightkorea.co.kr/news/articleView.html?idxno=95272

5 메타버스는 1992년 미국 SF 작가 닐 스티븐슨의 소설 《스노우 크래시》에 처음 등장한 개념이다. 인터넷 기반의 사이버 공간이 메타버스이며, 시청각 출력장치를 이용해서 메타버스에서 상호작용하는 인간의 대리인은 '아바타(Avatar)'다. 메타버스는 가상, 가공, 추상을 의미하는 '메타'와 세계를 뜻하는 '유니버스'를 결합한 의미로 "가상의 공간에서 현실과 상호작용하며 사회, 경제, 문화 등이 결합한 새로운 세계를 만들어 가치를 창출하는 일련의 활동"을 지칭한다. 이승환(2021), 〈메타버스의 도래와 문화관광의 미래〉, 《한국관광정책》 84, 68-71쪽 참고.

벤트를 기획했다. 대면 현장 활동이 어려워지면서 팬들은 온라인 공간에서 케이팝 아이돌을 만나고 다른 팬들과 대화할 수 있는 방법에 환호했다. 메타버스나 AI 기술 등을 통해 아이돌을 만나는 이벤트에도 적극적으로 참여했다.

가상공간 체험 기술은 온라인으로 가입자들이 서로 소통할 수 있는 경험을 제공하는데, 아이돌 소속 기획사들도 팬과 아이돌 가수가 만나는 수단으로 메타버스를 적극적으로 활용했다. 네이버의 제페토, 하이브엔터테인먼트가 선보인 팬커뮤니티 위버스(Weverse), 그리고 NFT(Non-Fungible Token, 대체 불가능한 토큰)[6] 기술을 활용한 지적재산권 보호와 케이팝 가수의 이미지 자산 가치화 등 디지털 기술의 적극적 수용으로 팬들의 만족뿐 아니라 기획사가 원하는 다양한 수익구조에 대한 전략도 기획할 수 있게 되었다.

2020년 이후 코로나19로 인해 비대면 커뮤니케이션이 자리잡게 되었고, 대형 엔터테인먼트 회사들은 팬들과 함께할 수 있는 다양한 방법 중 하나로 메타버스 기술을 적극적으로 활용하기 시작했다. 일례로 2020년 YG엔터테인먼트의 걸그룹 '블랙핑크'

6 NFT는 디지털 파일의 유일성과 소유권을 증명하는 토큰의 일종이다. "여러 가지를 모아서 하나의 제품이나 작품을 만들어내는 것으로 블록체인 기술을 활용해 디지털 콘텐츠에 고유한 표식을 하고 소유권을 부여한다. 트위터나 예술작품에 해당 정보가 담긴 메타데이터와 불법복제 방지 타임 스탬프가 결합해 복제가 불가능한 특징을 가지고 있다. 김원호(2021), 〈대체불가능토큰, NFT마케팅 도래: 블록체인 마케팅의 새로운 날개〉, 《마케팅》 55(4), 10쪽.

는 네이버 제페토에서 블랙핑크 아바타를 선보였고, 팬 사인회에 4,600만 명이 넘는 팬들이 다녀갔다. 블랙핑크 아바타 동영상의 경우 1억 뷰 이상의 기록을 나타내기도 했다.[7] CJ ENM은 2012년부터 매년 K-컬처 페스티벌 케이콘(K-CON) 행사를 진행해왔는데, 2022년에는 온·오프라인 행사뿐 아니라 메타버스 플랫폼에서도 케이콘 소통창구를 마련했다. 케이팝 이용자가 많은 제페토(ZEPETO)를 통해 가상공간에서도 콘텐츠를 경험하고 관련 콘텐츠를 이용자가 직접 만드는 행사를 기획한 것이다.[8]

가상공간 플랫폼의 활용뿐 아니라 가상 아바타를 활용한 아이돌 그룹도 등장했다. 2020년 데뷔한 SM엔터테인먼트 소속 아이돌 그룹 에스파는 기존과는 다른 방식으로 아이돌 그룹의 정체성을 형성하며 활동하고 있다. 에스파는 아바타(Avatar)와 익스피어리언스(Experience)의 앞 글자를 딴 'ae'와 양면이라는 뜻의 'aspect'를 결합한 명칭이다. 에스파는 4인조 그룹이면서도 8인조 그룹으로 활용하는데, 이는 아바타 세계관에 기반해 실제 멤버 4명과 AI 멤버 4명으로 구성되었기 때문이다. 에스파 멤버는 인간인 카리나, 지젤, 윈터, 닝닝과 그들의 아바타 멤버인 아이(ae)카리나, 아이(ae)지젤, 아이(ae)윈터, 아이(ae)닝닝으로 구성되어 있

7 김희경(2021.5.26), "'아이돌+아바타' 걸그룹 뮤비 1억뷰 … 블핑하우스엔 1300만명 다녀가", 〈한국경제〉.

8 박종진(2022.8.22), "케이콘 2022 LA: 메타버스 '네이버 제페토'로 영역 확장", 〈전자신문〉.

다. 걸그룹 멤버들의 가상인간 멤버들도 함께 공연 무대에 오르기도 했다.

국내 엔터테인먼트 기획사들은 메타버스뿐 아니라 NFT에도 진출하기 위해 노력했다. NFT는 디지털 콘텐츠까지 암호화 기술로 복제가 불가능하도록 만들 수 있어 안정된 가치가 발생하기 때문에 대중적으로 큰 관심을 받았다. 소속 아이돌을 소재로 한 디지털 콘텐츠나 상품을 NFT를 활용해 '디지털 자산화'하려는 것이 가장 큰 움직임이다. 일례로, 하이브엔터테인먼트는 아이돌 가수들의 한정 포토카드를 NFT 기술을 활용해 디지털 자산으로 만든 뒤 자사의 플랫폼인 '위버스'를 통해 수집하거나 교환할 수 있도록 한다는 방침을 발표하기도 했다.[9]

새로운 기술로 구현되는 케이팝 관련 서비스는 각 플랫폼 간 경쟁 방식에서 대중의 관심을 끌기 위해 세분화되고 있는 추세다. 위의 사례에서도 볼 수 있듯이, 팬이나 개인의 취향에 맞는 일대일 서비스 중심의 기술구현에 집중하는 상황이며, 아이돌의 캐릭터를 보는 데서 소유하고 소통하는 방식이 중요한 경제적 영역으로 부상하고 있음을 알 수 있다.

하지만 기술의 활용 이후 나타나는 문제들도 적지 않다. 메타버스 기술, NFT 기술을 활용해 아이돌의 이미지나 노래뿐 아니

9 윤원섭·박대희(2021.11.4), "'아미들 소장욕 불타오르겠네' … 한정판 '방탄 굿즈' NFT로 판다", 〈매일경제〉.

라 일상생활의 모든 것을 팬들과 공유할 수 있다는 점은 매력적이지만, 아이돌의 모든 것이 상품화되는 결과를 가져왔다. 일상생활, 공간, 목소리, 텍스트 등 모든 것이 영상과 이미지로 전환될 수 있는 시스템이 구성되었다.

코로나19가 종식된 이후 케이팝 아이돌 활동은 기술환경 중심의 메타버스나 AI 기술에 의존하기보다 대면 활동에 집중하는 방식으로 변화했다. 특히, 대면 활동으로서의 콘서트와 팬미팅 등에 더 집중하는 것으로 바뀌었다. 하지만 동시에 유료 메신저로 아이돌과 소통하는 '개인화된 서비스'의 이용률도 높은 편이다. 유료회원 가입을 요구하는 기획사의 플랫폼 이용 방식도 거부할 수 없을 뿐만 아니라 가상 이미지와 현실 아이돌이 공존하는 케이팝 문화 현상에 익숙한 소비자는 기획사가 운영하는 플랫폼 이용에도 높은 관심을 보이기 때문이다.

여기에 팬들의 비판이나 기술의 위험성 등에 대한 담론도 가세하면서 케이팝 내에서의 기술 수용 방식은 더 복잡하고 어려워졌다. 디지털 기술이 이용자의 정서적인 결핍을 충족시켜주거나 시간과 공간의 한계를 넘어서는 매개적 역할을 함과 동시에 기술의 매개성이 즉각적으로 자본의 가치를 획득하기 때문이다. 아이돌의 IP(Intellectual Property) 비즈니스 산업을 통해 얻는 수익 전망이 높아지면서, 팬들은 비용을 지불해야만 아이돌 관련 콘텐츠를 소비할 수 있는 환경으로 변화하고 있는 상황이다.

2
디지털 기술이 구현하는 음악·음악인·가수

코로나19 팬데믹 시기를 지나면서 국내의 음원시장은 이전보다 온라인 서비스 이용 비율이 더 높아졌다. 온라인 음원 스트리밍 이용자가 증가하면서 음원을 출시하는 엔터테인먼트 기획사도, 음원 스트리밍 플랫폼을 소유하고 있는 통신사도 변화를 모색해 왔다. 기본적으로 통신사의 음원 플랫폼, 엔터테인먼트사의 케이팝 가수의 데뷔 전략과 아이돌 팬덤과의 상호작용 등이 중요한 요소였는데, 팬데믹 이후 기술로서만 존재했던 메타버스, AI 서비스, 아바타까지 케이팝 산업에 적용되고 상품으로 출시되었다.

한국콘텐츠진흥원의 〈2021 디지털전환시대 콘텐츠 이용 트렌드〉 조사 결과에 따르면, 장르별 온라인 공연 경험을 묻는 질문에 "이용해본 적이 있다"는 답은 음악 장르가 높았다. 그중에서도 "콘서트, 가수의 공연 등을 이용해봤다"는 응답이 72%로 가장 높게 나타났다.[10] 이 외에도 일상적으로 접근성이 비교적 높은 음악, 뮤지컬, 연극보다 무용이 높게 나타난 이유로는 온라인으로 다양한 콘텐츠를 편하게 관람할 수 있고, 그중에서도 평소 비교적 자주 접하기 어려운 예술 공연을 온라인 관람이라는 편리한 경험을 통해 체험할 수 있기 때문에 이용한 것으로 나타났다.

지금까지 방송으로 중계되었던 음악 공연은 관객이 음악을 감상하는 모습과 무대 공연을 함께 보여주던 '현장성'을 중계하는 데 집중했다. 하지만 코로나19 팬데믹 시기에는 음악 공연 중계 현장에 관객의 참여가 불가능해지면서 연주자들의 모습만 볼 수 있었다.

당시 코로나19의 확산 방지를 위해 최소 인원만 제작 현장에 참여하게 되면서 무관객 프로그램이 늘어났고, 프로그램 출연자들과의 리액션이 중요한 음악 프로그램의 '생동감'은 시청자에게 전달되지 못했다. 방송 제작자들은 대안을 찾기 위해 노력했다. 그리고 시청자의 관심과 대중의 요구를 반영하기 위해 방송 제작자들은 관객이 안전하게 온라인으로 참여할 수 있는 기술을 프로그램 제작에 활용하기 시작했다.

SBS의 〈트롯신이 떴다〉는 줌(Zoom)으로 대표되는 온라인 참

10 장르별 관람 경험을 질문한 결과, 온라인 공연으로 공연을 처음 관람했다는 대답은 콘서트 가수 공연은 22.8%, 콘서트 연주회는 27.4%, 뮤지컬은 21.9%, 연극은 20%, 무용은 41.5%로 나타났다. 복수 응답이 가능한 질문 조사 결과다. 한국콘텐츠진흥원(2021), 〈디지털전환 시대 콘텐츠 이용 트렌드 연구: 온라인 동영상, 온라인 공연, 메타버스, 오디오콘텐츠〉 참고.

여 방식을 통해 2020년 4월 29일 방송에 '랜선 버스킹'이라는 포맷을 도입해 제작했다. 시즌2에서는 시청자 심사위원도 500명으로 확대해 시청자의 참여도를 높였다. 2020년 9월 30일 방송된 KBS의 〈2020 한가위 대기획 대한민국 어게인 나훈아〉는 1,490명이 온라인으로 참여했고, 〈코미디 빅리그〉는 2020년 7월부터 랜선 방청 참여 형식으로 프로그램을 제작했다. 온라인으로 접속한 이용자·시청자를 화면에 등장시키면서 음악방송에서 채워지지 못했던 '현장성'이 재구성되었다. 공연 현장에 올 수 없는 관객은 온라인으로 참여했고, 참여자들의 영상도 무대를 구성하는 중요한 요소가 되었다. 수많은 온라인 참여자들을 비추는 화면이 모여 하나의 화면을 이루었고, 방송을 보던 시청자에게는 큰 감동을 전달했다. 음악 공연의 완성도와 포퍼먼스가 주는 감동, 수많은 사람이 함께 방송을 보고 있다는 감정적 연결고리가 형성되었다. 다양한 기술을 활용해 제작한 음악방송은 대중에게 새로운 시청경험을 제공했다.

인공지능이나 VR 같은 새로운 기술은 음악방송에서 특히 많이 활용되었는데, 온라인으로 접속한 시청자의 화면 속 등장뿐 아니라, 세상을 떠난 가수들을 디지털 기술로 재현하기도 했다. JTBC 〈히든싱어 7〉에서는 AI 기술을 활용해 고(故) 김현식 가수의 목소리를 들려주었고, 2013년 세상을 떠난 고(故) 임윤택 가수의 노래하는 모습도 티빙 〈ALIVE〉 무대에서 재현되었다. 제작진은 1년의 시간 동안 인공지능 기술, 가상현실 기술을 영상에 접목해 고인이 된 가수들의 무대를 구현하기 위해 노력한 것으로 알려졌다. 이 외에도 국내의 경우 고인이 된 가수 신해철과 터틀맨을, 해외의 경우 마이클 잭슨과 휘트니 휴스턴의 모습을 재현하기도 했다.[11]

2020년 12월 16일 엠넷이 방송한 〈AI 음악 프로젝트 다시 한 번〉에서는 고(故) 김현식 가수의 목소리만 들려주던 방식에서 무대도 구성해 선보였다. 음원 등 가수 김현식이 활동했던 과거의 자료에서 뽑은 음성 데이터를 학습한 인공지능이 그의 기존 노래가 아닌, 미발표곡이었던 노래를 들려주었다.[12] 이와 같이 AI 기술을 활용해 가수의 목소리나 공연 무대를 선보이던 방식은 코로나19 팬데믹 시기에 방송을 통해 소개되었는데, 이후 인공지능 기술이 대중적으로 보급되었고, 누구나 이 기술을 활용해 콘텐츠를 제작할 수 있게 되었다. 유튜브에는 현존하는 유명가수나 유명인들의 목소리를 활용한 AI 채널이 증가했고, 이와 관련된 저작권, 윤리 등의 문제가 지적되고 있다. 이러한 문제가 등장한 이유는 대중, 시청자, 이용자는 다양한 방송 채널을 통해 AI 기술이 활용된 음악인의 공연을 보는 것에 익숙해졌기 때문이며, 기술을 활

11 권이선(2022.2.9), "'홀로그램 AI'로 되살아난 별들 … 산 자를 위한 '유령 노예' 비판도", 〈세계일보〉.

12 방송 당시, 객석에서 눈물을 감추지 못했던 김현식의 동생 김현수 씨는 노래가 끝난 뒤, 형을 향한 그리운 마음을 전하는 장면이 방송되면서 현장의 감동은 더 커졌다.

용하는 과정, 기술 적용 결과 등에 대한 충분한 비판적 논의시간을 갖지 못한 결과이기도 하다. 최근에는 AI 기술이 고도화하면서 마치 해당 가수가 직접 부른 것처럼 착각할 정도로 정교하게 만들어진 커버 영상까지 등장했다. AI 음악 생성 플랫폼이나 웹사이트를 이용하는 것은 물론, 휴대전화 앱을 이용해서도 간단하게 AI 커버곡을 만들 수 있는 시대가 되었다.[13] 인공지능 기술활을 위해서는 많은 데이터를 활용해야 하는데, 데이터 복제의 저작권 침해 문제는 고려하지 못했다. 데이터를 구성하는 저작물의 복제와 전송을 위해서는 저작권자의 동의를 받아야 한다. 하지만 빅데이터에 포함된 저작물의 저작권을 활용하기 위해 일일이 저작권자의 동의를 받는 것은 사실상 불가능하다. 그렇다고 이 문제를 간과할 수도 없는 상황이다. 현재 유럽을 중심으로 정책 관련 논의가 활발하게 이뤄지고 있고, 국내에서도 관련 정부 부처, 시민단체, 연구자 등 관련 문제를 해결하기 위한 방안을 모색 중이다. 해외의 경우, 글로벌 음반 회사들은 인공지능 기술의 무분별한 사용으로 인해 입게 된 피해 사례가 공론화되고 있는 상황이다. 세계 최대 음반사 중 하나인 소니뮤직이 AI기업 등에 대해 법적 조치를 할 예정임이 알려졌다. 소니뮤직은 700여 개의 회사에 자사 소유의 음악과 앨범 커버 아트, 메타데이터 등을 AI 모델

13 김소연(2024.3.13), "'연예인들 앞으로 어떻게 하라고…' 박명수도 깜짝 놀랐다", 〈한국경제〉.

학습에 사용하지 말 것을 전달했다. 유니버설뮤직도 2023년 10월 앤트로픽이 유명 가수의 노래를 포함해 최소 500곡의 가사를 클로드 학습에 무단으로 사용했다며 소송을 제기했다. 특히 음악의 경우 생성형 AI 도구가 등장하면서 저작권자의 문제제기가 계속되고 있다.[14] 오픈AI가 최근 개발한 GPT-4o의 음성이 미국 배우 스칼렛 요한슨(Scarlett Johansson)과 비슷하다는 논란이 제기되자, 음성 사용을 일시 중단하기도 했다. 스칼렛 요한슨은 오픈AI CEO에게 목소리 참여 제안을 거절했음에도 불구하고, GPT-4o의 음성이 자신과 비슷한 점을 비판하며 성명서를 발표하기도 했다.[15]

국내에서도 인공지능 기술을 적극적으로 활용하고 있다. 버추얼 휴먼(가상인간, Virtual Human)부터 AI 노래 커버까지 디지털 기술이 적용된 음악콘텐츠가 꾸준히 제작되어왔다. 가상인간으로는 1998년 데뷔한 사이버 가수 아담이 대중적으로 인지도를 얻은 첫 사례다. 당시 사이버 가수 아담은 1998년 1월부터 1999년 6월까지 정규 앨범으로 2집까지 활동했다. 사이버 가수의 활동은 과거 음악 산업에서 기술을 활용한 새로운 시도이자 대중문

14 임대준(2024.5.17), 〈AI 저작권 문제, 텍스트서 음악으로 확대 … 소니, 700개 기업에 법적 대응 예고〉, 《AI타임즈》.

15 Tripp Mickle (May, 20, 2024), Scarlett Johansson Said No, but OpenAI's Virtual Assistant Sounds Just Like Her Last week, the company released a chatbot with an option that sounded like the actress, who provided the voice of an A.I. system in the movie "Her.", *New York Times.*

화 현상으로 인식되었는데, 당시 대중의 관심을 그리 오래 끌지 못했다. 그래픽에 기반한 이미지였고, 노래하는 장면도 예상 가능한 운동성을 보여주었기 때문이다. 이후에도 여러 시도가 있었지만, 새로운 '시도'로만 기록되었다. 하지만 코로나19 팬데믹으로 대중문화 산업에 기술 유입이 빨라지면서 인간을 대상으로 하는 재현 기술도 발달했고, 대중도 새로운 문화 현상에 관심을 갖게 되면서 '버추얼 휴먼(Virtual Human, 가상인간)'이 다시 등장했다. SM엔터테인먼트 소속의 에스파는 데뷔 당시 4명이지만 각기 가상멤버를 가지고 있어 8명의 멤버가 활동하는 것으로 알려졌다. 매우 파격적 설정이자 새로운 캐릭터가 등장했다는 평이 지배적이었다. 이후 비대면 생활이 주를 이뤘던 2020년부터는 케이팝뿐 아니라 다양한 분야에 가상인간이 등장했다. 사이버 가수 아담이나 에스파의 가상멤버와 달리, 지금의 가상인간은 소셜미디어 계정을 통해 지속적으로 대중과 소통이 가능하고, 거부감 없이 다양한 활동을 한다. 가수, 모델, 홈쇼핑 호스트, 인플루언서 등 다양한 분야에서 활동하고 있다.

2021년 3월 데뷔한 '이터니티'는 가상인물 자동화 서비스 딥리얼 AI를 표방했는데, 약 20년 동안 케이팝 셀러브리티들의 얼굴 데이터를 수십만 장 수집해 이를 AI가 학습하도록 한 뒤 얼굴 이미지를 구성한 사례다. 이터니티 멤버는 '심쿵 챌린지'라는 이상형 월드컵으로 제시된 가상인물 중 대중의 투표를 거쳐 선발한 11명으로 구성되었다. 가상인간인 이터니티 멤버들은 아이돌 멤버들처럼 팬덤도 형성되었다.[16] 2022년 8월 1일 YTN 〈뉴스라이더〉라는 생방송 프로그램에 이터니티 멤버 제인이 출연해 자신이 속한 가상인간 걸그룹을 소개하는 인터뷰를 진행하기도 했다.[17] 이날 인터뷰에서는 가상아이돌의 특징과 장점으로 '가성비'를 강조했다. 가상인간 제작사들이 강조하는 부분은 가성비다. 개인과 개인이 만나 사회적 관계를 형성하는 과정에서 필수적으로 경험해야 하는 '관계성'보다 시간과 자본의 논리인 '가성비'에 주목한다는 특징을 지닌다. 우리는 이러한 가치관이 상업적 상품에 담겨 보급되고 있는 상황을 주목해야 한다. 가상인간 제작사들은 스케줄의 제약이나 사생활 이슈 등의 리스크가 없고, 원하는 이미지로 변화 가능하며, 스토리텔링을 부여하는 데 무리가 없음을 강조한다.

가상인간 로지는 2022년 정체성과 자아에 대한 고민을 노랫말에 투영한 곡 〈후 앰 아이(WHO AM I)〉를 발표했다.[18] 로지의 노래는 실제 가수가 녹음했으며, 볼빨간사춘기의 앨범 프로듀서가 제작한 것으로 알려졌다. 로지는 MZ세대가 선호하는 얼굴을 빅데이터로 모아 인공지능 기반으로 만들어졌다. 과거 사이버 가수

16 임병선(2022.12.12), BBC "가상인간 튀어 나오는 케이팝 밴드, 어느새 트렌드 됐다", 〈서울신문〉.

17 제인은 가수 활동뿐만 아니라 광고와 드라마 등 다방면에서 활동하고 있다고 밝히며, 멤버들 간의 불화설 같은 불미스러운 일은 일어날 일이 없다고 설명했다.

18 고희진(2022.2.23), "가상인간 '로지'의 첫 노래는? … 얼굴 넘어 목소리까지 인간처럼", 〈경향신문〉.

아담은 그래픽이라는 이미지가 명확했던 데 비해, 로지 같은 가상인간은 그래픽 이미지인지 실제 인간인지 알 수 없을 정도로 제작 기술이 더욱 정교해졌다. 로지는 춤도 추고 배우와 같이 연기자로도 활동하는데, OTT 티빙 드라마 〈내과 박원장〉에 카메오로 출연하기도 했다.[19] 가상인간이 직접 연기를 하고, 홈쇼핑 호스트로도 출연하고, 음악 무대에서 공연하는 등 인간 존재에 대한 감각과 인식의 변화를 가져올 만큼 대중은 일상적으로 가상인간을 만나고 대화를 나눌 수 있게 되었다. 사실상 가상인간은 전문인력이 디지털 데이터를 입력하고, 가수가 노래하며 더빙해서 완성되는 복잡한 과정이 전제되어야 한다. 생산 주체들이 어떤 시각에서 가상인간을 형성하는지, 입력되는 데이터 정보, 외모, 활동 가능한 영역 등이 결정된다. 하지만 대중에게 전달되는 가상인간은 제작인력, 디지털화된 정보 데이터 등이 생략되고, 시각적인 이미지만 전달되는 상황이다.

가상인간은 케이팝의 캐릭터, 광고 모델 등 시청자나 대중이 진짜 인간과 가상인간을 구분할 수 없다는 사실만으로도 코로나19 팬데믹 시기에 주목을 받았다. 비대면 커뮤니케이션만 가능하고 엄격한 사회적 거리두기가 이뤄지던 당시, 세상을 떠난 가수들을 재현하고, 친밀한 관계를 가진 인물들이 이미지를 보고 놀

19 한수진(2022.2.13), "'가상인간' 로지, 가수 데뷔: 드라마 출연 화제 '불쾌' VS '놀라워' 반응 분분", 〈톱스타뉴스〉.

라는 장면이 방송으로 중계되었다. 새로운 시도로서 기술이 문화산업에 적용되는 사례들은 꾸준히 있어왔다. 하지만 매번 대중은 데이터의 기반이 되는 정보를 활용하는 방식에 대해 고민할 시간을 갖지 못했다. 상업적 주목도만 고려해 AI 기술을 활용하는 제작 주체들 역시 과거의 인물을 소환하는 방식에 대해 윤리적·도덕적 고려가 필요하지만 충분한 숙고의 시간을 가졌는지 논의가 필요하다. 음악 프로그램이나 예능, 드라마 등 다양한 장르의 프로그램에서 과거의 유명인사를 소환하는 과정에서 인공지능 기술을 적극적으로 활용했다. 우리는 유명인을 다시 만난다는 새로움을 경험했지만, 아쉽게도 유명인을 '재현'한 결과물만을 감상하는 것에서 끝나고 말았다.

이정현(2023)은 가상인간을 대중에게 선보이면서 제작 주체가 강조하는 내용들에 주목했다. 가상인간의 생산 과정을 설명할 때 전면에 등장하는 것이 기술의 조합을 강조한다고 보았다. 그 이유는 미디어 생산연구의 전통에서 인간 주체의 권위적인 위치에 가려져 주도적으로 해석되지 못했던 기술들이 가상인간의 생산 체계에서는 전면에 위치할 수 있다는 것이다. 특히 '로지'의 경우 인공지능과 관련된 디지털 기술이 주로 독립적인 행위주체로 소개된다는 점에 주목해야 한다고 설명한다.[20] 인공지능 기술이

20 이정현(2023), 〈가상인간을 생산하는 몸, 노동, 미디어〉, 《커뮤니케이션이론》 19(3), 220-221쪽.

로지로 탄생하기까지 많은 인력과 전문가의 역할이 필요하지만, 출시된 이후 관여한 인간의 노력이나 수고는 사라짐을 지적한다.

데이터에 기반해 고인을 복원하는 음악 프로그램은 2020년과 2021년에 경쟁적으로 제작되었다. 코로나19 팬데믹 시기에는 관객의 반응과 현장성이 중요했던 기본 방송 제작 방식을 적용할 수 없었기 때문이다. 고인을 복원하는 과정에서 기록의 양이 많을수록 모델이 생성한 데이터의 정확도는 높아지는데, 객관적으로 재현 가능한 정보가 많지만 이를 다시 재구성하는 것은 기획자, 제작자들의 '주관성'에 기반한다는 점도 고려해야 한다. 결국 이렇게 제공된 고인의 모습, 기록된 적 없는 다른 노래를 부르는 장면을 재현하는 것은 객관적 정보에 기반해 재현된 결과물이지만, 개발자, 방송 제작자, 스튜디오에 참석한 가족 그리고 방송을 보고 있는 시청자나 대중이 정보를 소비하는 과정도 정보 구성에 포함된다. 정보 구성 방식으로서의 '주관성'은 재현된 정보에 의해 더욱 가속화되는데, 재현된 정보는 대중이 기억하고 있는 정보, 가족과 지인들이 설명하는 '주관적 기억'에 기반하게 된다. 객관적 정보라고는 하지만, 리얼리티에 기반한 방송의 실시간성, 스튜디오 참석자들의 리액션 등이 가미되면서 시청자나 대중은 그 어떤 리얼리티보다 인공지능 기술과 데이터가 구현한 이미지를 감정적으로 수용하고 신뢰하게 된다. 고인이 된 인물을 재현하는 것은 해당 가수의 고유성과 인격권 등을 훼손할 수 있고, 상업적으로 오남용될 여지가 크다는 비판도 주목해야 하는 이유다.

2022년 하반기 코로나19 팬데믹이 엔데믹으로 전환되고 사회적 대면 활동이 회복되면서 가상인간에 대한 호기심도 특별한 경험이 아닌 취향에 따른 선택으로 인식이 바뀌었다. 유명인의 경우 소셜미디어 채널, 라이브 방송, 프라이빗 채팅 등을 통해 감정 교류와 팬심의 실천 등이 이어지는데 가상인간의 경우, 가수로 활동하거나 상품 모델로서의 이미지 소비를 넘어서지 못하는 것으로 진단되고 있다.[21] 하지만 경제적 성과를 이뤄내야 하고 새로운 시장을 개척해야 하는 케이팝 산업 내에서는 기술을 활용한 서비스 제공이 더욱 가속화되고 있다.[22] 이용자나 팬들의 관심을 이끌어내기 위한 '새로운 체험'으로서의 가상아이돌 제작이 꾸준히 이뤄지고 있다.

이와 같이 지난 몇 년 동안 케이팝 음악 산업뿐 아니라 방송 산업에서도 디지털 기술을 활용해 프로그램을 제작하는 시도가

21 이경탁(2023.7.27), "가상인간 '로지·수아' 인기 벌써 식었나 … '매력 못 느껴 식상'", 〈조선비즈〉.

22 하이브는 2023년 5월 15일 신인가수를 선보였는데, 음악의 제작 형태가 기술 기반이라는 점이 특히 주목을 받았다. 그룹 에이트 출신 이현의 또 다른 자아이자 '프로젝트 L'의 주인공 '미드낫(MIDNATT)'의 경우, 이현의 목소리 외에 여성 보컬은 AI 보이스 기술을 통해 재현했고, 뮤직비디오는 XR 기술을 활용해 제작했다. AI 보이스 기술을 활용해 음악을 제작하는 경우는 엔터테인먼트사뿐만 아니라 유튜브에서도 공유가 가능하다. 이미 유튜브에서는 AI 기술을 활용해 유명 가수의 목소리로 케이팝을 커버한 AI 음성을 쉽게 찾아 들을 수 있다. AI 커버 영상은 해당 가수의 동의 없이 제작됐으며 일부는 수익으로 이어지기도 하면서 음반 산업에서는 무분별하게 AI 커버가 이뤄질 경우 저작권 침해와 명예훼손 등의 가능성이 있다고 지적한다. 최민지(2023.5.15), "음원 커버에 아이돌 피처링, 아티스트 데뷔까지 … 성큼 다가온 'AI 음악의 세계'", 〈경향신문〉 참고.

이뤄졌다. 비대면 시기 케이팝 산업에 적극적으로 활용되었던 인공지능 기술이 주로 새로운 시도였다면, 현재의 인공지능 기술은 가상아이돌 콘텐츠를 생산하는 데 집중되고 있다. 현재 우리는 세상을 떠난 예술가들을 AI 기술로 복원할 수도 있고, 새로운 이미지의 가상인간 가수, 혹은 이미 데뷔부터 현재 활동하고 있는 아이돌 가수의 이미지를 그대로 재현한 가상인간을 어렵지 않게 만날 수 있다.[23]

우리는 이제 인공지능 기술의 '새로움'보다는 "기술을 어떤 목적으로 어떤 분야에 적용할 것인가?", "인공지능 기술에 활용되는 데이터의 특징, 편향성" 등에 대한 성찰이 전제되어야 하며, 케이팝 산업의 적용 과정에도 고려되어야 한다. 대중이 기술을 비판적으로 수용하는 데도 시간이 필요하지만, 인간과 가상인간이 맺는 관계, 가상인간 관련 콘텐츠를 수용하는 방식 등이 갖는 의미를 논할 수 있는 자리도 마련되어야 할 것이다.

산업적 가치를 생산하는 한 명의 유명 연예인을 만들기 위해

23 불안정성과 유연성으로 대표되는 국내 연예기획 산업과 문화 산업 전반의 구조와 크게 다르지 않은 활동을 하는 것이 '가상인간'이다. 국내에서는 가상아이돌에 대한 관심도 높은 편이다. 2024년 3월 9일 MBC 음악 프로그램 〈쇼! 음악중심〉에서 1위를 차지한 팀은 버추얼 아이돌 그룹 〈플레이브〉였다. 5인조 남자 아이돌 그룹을 표방하는 가상아이돌로 '이세계아이돌', '스텔라이브' 등 여러 버추얼 아이돌 그룹이 활동하고 있다. 2021년 12월 17일 데뷔한 이세계아이돌은 6인조 버추얼 아티스트로, 2023년 〈키딩〉이라는 곡을 통해 국내 차트 1위는 물론, 빌보드 코리아 3위, 빌보드 글로벌 200 차트에서 167위를 기록하기도 했다. 이정현(2023), 〈가상인간을 생산하는 몸, 노동, 미디어〉, 《커뮤니케이션이론》 19(3), 199쪽.

서는 육성 과정을 거쳐야 한다. 특히, 아이돌의 경우 복합적 분야에서 전문성을 갖춰야 하는 특수성을 갖는데, 이를 완성하기 위해서는 각 분야 전문가들의 역할도 아이돌을 육성하는 데 소요되는 시간, 비용, 전문인력의 활용 등을 '가성비'만으로 평가하거나 선택할 수는 없다. 기술이 매개하는 노동과 문화 생산방식의 변화는 예측 불가능성을 고려한 뒤 사회 분야에 적용되어야 한다.

기존의 연예인이 하던 여러 업무를 수행하지만 가상인간의 마케팅 효과에만 주목하는 국내 케이팝 산업의 변화를 우려하는 시각도 등장했다. 연예인 중심의 문화 산업이 갖는 불안정성과 과노동의 문제 등 아직 해결되지 못한 문제들이 많지만, 가상인간이 이러한 노동을 대체하고 제작 주체들은 '가성비', '안정성'만을 강조하는 방식은 문제라는 것이다. 가상인간은 변화하는 미디어 환경에서 복합적인 생산 주체 및 기술의 결합으로 생산되었지만, 동시에 또 다른 문화현상을 이끌어내는 역할을 하고 있다는 점을 고려해야 한다. 가상인간의 생산 및 생산체계에 대한 비판적 연구가 필요한 이유이기도 하다.

3
블록체인 기술과 케이팝

케이팝 산업은 기술과 밀접한 영역으로 부상하고 있다. 블록체인과 암호화폐는 아직까지 음악 산업과 무관한 듯 보이지만, 기획사들은 블록체인 기술을 적극적으로 활용해 케이팝 상품을 출시하고 있다. YG엔터테인먼트는 디지털 수집품 분야 진출을 위해 해외 관련 기업들과 협업하고 있으며, 2023년 3월 카카오가 SM엔터테인먼트 인수를 시도한 후 공정거래위원회도 2024년 5월 카카오엔터와 SM의 합병을 승인했는데,[24] 앞으로 게임과 엔터테인먼트 그리고 블록체인 기술이 적용된 관련 산업 분야에 대한 진출 시도 역시 활발하게 이뤄질 것이다.

블록체인 기술이 등장했던 시기, IT 산업뿐만 아니라 경제, 예술 등 사회문화 전반에 걸쳐 혁신적인 변화와 가능성을 진단하

24 이도윤(2024.5.3), "공정위, '엔터계 공룡' 카카오엔터-SM 합병 승인", KBS.

는 사회적 담론이 형성되었다. 블록체인에 대한 정확한 정의보다는 이 기술이 적용되는 시장과 성과 가능성에 대한 관심이 더 높았다. 블록체인 기술은 분산원장(DLT, DistributedLedger Technology)[25]에 소유권을 기록하는 블록체인의 기술 구조는 집중화된 금융 구조에 대해 탈집중화된 방식으로 거래 신뢰성을 높일 수 있는 방법을 제공한다.[26] 새로운 기술적 가능성은 금융 산업뿐 아니라 거래와 관계된 새롭고 다양한 비즈니스 모델을 만들어내는 계기가 되었다. 동시에 분산원장 역할을 하는 블록의 생산과 채굴을 둘러싸고 발생한 높은 수익성으로 인해 2010년 중반 이후 비트코인과 블록체인 투자 관련 이상과열 현상이 대두되면서 논란이 가시화되었다. 그러나 이러한 투기 열풍과 별개로 블록체인 기술은 진화해 '이더리움(ETH, Ethereum)' 같은 '블록체인 2.0' 애플리케이션이 등장했다. 이더리움은 분산원장에 데이터를 저장하는 외부계정(EOA, ExternalOwned Account) 기능뿐 아니라, 다양한 소프트웨어 코드를 저장할 수 있는 계약 계정(CA, ContractAccount)이 존재한다. 이처럼 계약 관계 하에 컴퓨팅 기능을 수행할 수 있도록 구성함으로써 이더리움의 층위(layer) 위에 다양한 실행 프로그램이 활용되면서 블록체인 기술이 가능하게 되었다.

25 거래 정보를 기록한 원장 데이터를 중앙 서버가 아닌 참가자들이 공동으로 기록 및 관리하는 것을 의미한다.

26 조은아(2022), 〈블록체인 게임과 게임 산업의 패러다임 전환〉, 《한국게임학회논문지》 22(5), 57-60쪽.

블록체인 기술에서는 채굴에 대한 보상으로 제공되는 토큰이 상호 교환 가능한 동질성을 지녔다면, NFT 기술은 각각의 토큰에 고유한 번호를 붙여 비동질적인 토큰을 생성하는 방식이다. 이러한 NFT 기술 덕분에 무한대로 복제 가능했던 디지털화 콘텐츠 작품은 고유성을 갖는 것이 가능할 뿐만 아니라 소유자의 명시는 물론, 소유자의 교체까지 분산원장에 기록할 수 있게 되었다.

NFT 기술과 디지털 콘텐츠의 상관성으로 주목을 받은 것은 '비플(Beeple)'로 알려진 그래픽 아티스트 마이크 윈켈만(Mike Winkelmann)의 NFT 〈Everydays: The First 5000 Days〉가 2021년 크리스티 경매에서 7천만 달러에 판매되면서부터다. 이후 작가들은 NFT 기술을 통해 창작하거나 기존 작품을 디지털화하는 등 작품의 물성을 파괴하거나 부정하는 형태로 작품의 고유성을 NFT에 부여하는 트렌드에 참여하기 시작했다. 비트코인 등 암호화폐(Cryptocurrency) 열풍과 함께 NFT 시장이 활성화되면서 NFT 비즈니스는 두 가지 방향으로 전개되는데, 하나는 디지털 작품을 유통하는 '아트 비즈니스 모델'이고, 다른 하나는 NFT 자체의 특성에 주목하는 구매자를 대상으로 고유한 상품을 거래하는 '아이템 비즈니스 모델'이다. 전자는 예술 산업의 기존 방식이 디지털 환경에 이식된 것으로 이해할 수 있는 반면, 후자는 기존 모델과 다른 생소한 방식의 비즈니스다. 아이템 비즈니스 모델은 일정한 콘셉트와 표현 방식을 가지는 동시에 속성의 편차를 보이는 일련의 작품을 NFT로 생산한다. NFT 아이템 비즈니스 모델에서는 애초에 수요 개념이 존재하지 않기 때문에 해당 모델의 희소성은 수요에서 발생하는 것이 아니라, 한정판이라는 '규정' 자체에서 발생한다. 그리고 이러한 규정이 투자적 가치로 작동하면서 수요를 창출하는 방식의 비즈니스다.[27]

지난 몇 년 사이 블록체인 기술은 음악 산업인 케이팝 산업에도 중요한 수단으로 자리 잡기 시작했다. 특히 SM엔터테인먼트를 중심으로 많은 엔터테인먼트 기획사가 NFT 관련 기술을 케이팝 산업에 적용하려고 노력하고 있다. 엔터테인먼트사들은 케이팝을 통해 더 많은 수익을 올리기 위해 신기술 활용 방식에 많은 투자를 해왔다. 팬덤을 형성하는 범위도 확장되었고, 전 세계의 팬들을 동시에 만족시키고 팬들을 관리하는 방법을 고려하면서, 다른 음악 장르와의 차별성도 갖기 위한 대안이었다.

SM엔터테인먼트는 '세계관'을 구축해 뮤직비디오, 콘서트, 팬미팅 등을 통해 꾸준히 기술 기반의 콘텐츠를 생산해왔다. 2019년 CES 행사에서 SM엔터테인먼트는 SKT와 협업을 통해 이용자가 아바타로 참여해 케이팝 가수와 함께 노래를 부를 수 있는 체험관을 선보이는 등 음악을 듣고 보는 방식에서 벗어나 이용자의 적극적 참여를 이끌어낼 수 있는 기술 활용, 그리고 AI 기술에 기반한 새로운 가수를 발굴하는 비즈니스 모델 개발에도 노력해왔다. 글로벌 플랫폼으로서의 유튜브, 인스타그램, 트위터

27 조은아(2022), 앞의 논문, 65쪽.

를 활용하는 방식[28]에서 더 나아가 엔터테인먼트사만의 기술과 플랫폼을 구축하기 위한 노력이 코로나19 팬데믹 시기와 맞물리면서 더욱 가속화되었다.

케이팝의 글로벌 팬덤이 형성되면서, 기존의 아시아 중심의 팬덤 관리 방식은 달라져야만 했다. 음악시장과 팬들의 수도 증가하면서 기획사도 팬들도 더욱 객관적인 자료를 요구하기 시작했다. 케이팝 관련 정보를 생산하는 주체들이 다양해졌기 때문이며, 어떤 정보를 신뢰할 것인가도 중요해졌다. 물론 현재 언론사, 문화 산업 정책을 결정하는 정부 기관에서 매년 케이팝 산업 관련 자료들을 조사해 발표하는 것과 동시에 글로벌 미디어 플랫폼도 분야별 순위 발표를 하고 있다. 이러한 데이터는 팬들에게 케이팝 음악 산업과 관련된 이슈들을 이해할 수 있도록 돕는다.

케이팝에 새로운 기술을 결합한 콘텐츠를 생산하는 방식은 SM엔터테인먼트가 추구해온 기획사 운영 방식이다. 2019년에는

28 유튜브도 매년 각 분야별 가장 높은 순위를 차지한 채널이나 콘텐츠의 특성을 분류해 발표하고 있다. 한국에서 인기 동영상 순위는 2021년에는 "아이유(IU)의 킬링보이스를 라이브로!"가 1위를, 2022년에는 에버랜드 아마존 N년차의 멘트 "아마존의 소울리스좌"로 나타났다. 동영상 콘텐츠의 공유와 공감이 다른 플랫폼보다 접근성이 높은 유튜브는 케이팝 음악의 대중화에 그 어느 플랫폼보다 중요한 역할을 해왔다. 트위터나 인스타그램이 케이팝 팬들 간의 개인과 개인을 연결해주는 개별화된 네트워크 형성에 유용하다면, 유튜브 플랫폼은 기획사가 운영하는 채널, 방송사의 음악방송 채널, 케이팝 아티스트 개인의 채널, 팬덤 채널 등 다양한 채널이 영향을 주고받으면서 시너지 효과를 낼 수 있기 때문에 여전히 높은 이용률을 보인다. 최근에는 유튜브뮤직까지 출시해 음악 영역에서의 영향력을 넓히고 있다.

SM엔터테인먼트가 자체 코인을 발행하는 방안을 검토 중이라는 발표를 하기도 했고, 2022년 3월에는 '바이낸스 블록체인 위크'에서 관련 연설을 진행하기도 했다.[29] SM엔터테인먼트는 케이팝 아이돌 활동에 가상현실을 접목해 콘서트와 이벤트를 구성하는 사업을 계속 추진해왔다. 앞서 언급했듯이, 케이팝 팬들은 엔터테인먼트사의 적극적인 기술 수용 과정과 결과에 대해 우호적이지만은 않다. 일례로 하이브엔터테인먼트가 NFT 시장에 진출하겠다고 발표한 2021년 BTS 팬들은 '환경 파괴'라며 반발하기도 했다. 케이팝 팬들이 반대한 이유가 환경 문제 때문만은 아니다. 본질적인 문제는 기술을 선점하려는 기획사 간의 경쟁으로 인해 팬들이 지지하는 아이돌 가수들의 음악 활동이 어려워지는 것을 우려하기 때문이다.

29 곽태윤(2022.11.8), "SM부터 하이브까지 … 엔터사가 블록체인 하는 이유", 〈매거진한경〉.

Media
tech/
\K-pop

5장
케이팝과 팬덤을 매개하는 기술

1
팬덤 커뮤니티 플랫폼의 지형 변화

대중문화 수용 과정에서 대중의 능동성에 대한 논의는 오랫동안 논쟁의 대상이었다. 아도르노는 문화 산업이 갖는 상업성과 대량 생산되는 콘텐츠의 특징이 대중으로 하여금 자유롭게 사유할 기회를 빼앗는다고 비판했다. 즉, 대중이 적극적으로 문화 산업 내에 위치하지 못함에 주목한 것이다. 하지만 이후 다매체·다채널 시대가 도래하면서 대중의 의견, 대중의 참여, 대중의 능동성은 문화 현상 곳곳에서 나타났다. 상업적 흐름에 매몰되기도 하지만, 대중은 매번 사회적 문화 현상에 의견을 피력해왔다. 이후 미디어 채널 간 경쟁이 심화되고 소셜미디어 플랫폼까지 등장하면서, 디지털 미디어 플랫폼을 통해 형성된 비공식적 공동체를 기반으로 많은 정보를 공유할 수 있게 되었다. 이러한 이용자의 능동성을 가장 적극적으로 보여주는 사례가 바로 케이팝 팬덤이다. BTS의 소속사 빅히트가 하이브로 회사명을 변경하고 팬덤 플랫폼과 멀티레이블 구조를 운영할 수 있었던 배경에는 BTS와 팬덤 '아미'가 있었기 때문이다.

BTS의 미국 진출은 선택이었지만, 미국 시장에 안착할 수 있었던 데는 팬덤의 역할이 컸다. 데뷔했을 당시, 중소 기획사인 소속사 빅히트에서 육성한 그룹이었기 때문에 대형 기획사와 경쟁해야 하는 등 어려움이 컸다. BTS는 대중에게 지속적으로 자신들을 노출시킬 수 있는 방법을 디지털 미디어 플랫폼에서 찾았다. 유튜브 채널의 뮤직비디오, 트위터와 인스타그램 등 소셜미디어를 적극적으로 활용했다. '달려라 방탄'은 자체 제작 프로그램으로 2015년부터 제작해왔다. 소셜미디어 계정을 통해 팬들과 소통하고, 개인 방송을 통해 지속적으로 자신들을 노출했는데, 이러한 활동방법은 BTS가 성공할 수 있었던 주요 전략으로 평가되고 있다.

2021년 트위터와 〈케이팝레이더〉가 함께 분석한 '트위터 사용 패턴에 따른 K-pop 세대 분석' 데이터를 보면, 최근 아이돌 그룹들은 데뷔 전부터 트위터 계정을 개설하고 팬들과 미리 소통해 친근감을 높이는 전략을 취하고 있는 것으로 나타났다.[1] 아이돌 그룹은 팬덤과 친밀감을 형성하기 위해 소셜미디어 플랫폼 계정 활용이 중요해졌고, 엔터테인먼트 기획사들은 팬덤 관리를 위한

1 2021년 5월 1일 기준, 팔로워 30만 명 이상을 보유한 케이팝 그룹 총 69팀의 트위터 계정을 대상으로 진행되었다. 김종효(2021.6.15), "요즘 케이팝 아이돌 성공 공식? … 'BTS처럼' 트위터로 전세계 팬과 직접소통", 〈여성경제신문〉.

플랫폼 전략을 고민하기 시작했다.

미디어를 활용해 BTS의 성공을 유지해온 빅히트엔터테인먼트는 2021년 상반기에 하이브로 이름을 변경했다. 하이브는 이후 네이버의 V라이브와 연계해 자사 플랫폼인 '위버스'를 글로벌 플랫폼으로 전환했다. BTS뿐 아니라 투모로우바이투게더, 세븐틴, 엔하이픈, 뉴이스트, 씨엘, 선미, 헨리, 트레저 등 한국 아티스트 외에 그레이시 에이브럼스(Gracie Abrams), 제레미 주커(Jeremy Zucker), 알렉산더 23(Alexander 23), 맥스(Max) 등의 해외 아티스트들도 포함되어 있다. 하이브에는 매니지먼트 소속사들을 비롯해 IT, 출판, 게임 분야에 이르는 여러 계열의 자회사가 있는데, 2021년 5월에는 미국의 스쿠터 브라운(Scooter Braun)이 소유한 이타카 홀딩스(Ithaca Holdings)를 인수했다. SM, JYP, YG 등 국내 대형 엔터테인먼트 기획사들은 수십 년간 아이돌 육성 과정을 통해 다양한 아티스트의 성공과 실패 경험을 기반으로 성공했지만, 하이브는 BTS의 글로벌 성장을 발판으로 빠르게 초고속 성장을 이뤘다는 차이를 갖는다. 하이브는 다른 엔터테인먼트사와 비교해 상대적으로 부족한 부분을 극복하기 위해 레이블 인수를 해왔고, 위버스 같은 팬덤 플랫폼도 출시했다. 하이브가 보여주는 멀티레이블 시스템은 미국의 음악시장에서 그 유사성을 찾을 수 있다. 1970년대까지는 개성이 강한 레이블 위주로 성립한 미국 음악시장의 경우 1980년대부터는 본격적으로 인수합병 시대로 접어드는데, 경쟁이 심화되고 음악 산업의 리스크가 커지는 상황에서

성공을 꾀하기 위한 필연적 선택으로 알려져있다.[2]

대형 엔터테인먼트 기획사들은 팬들과 함께 성장해왔다. 팬들은 음악을 소비하고 즐기는 데 머무르지 않고 기획사의 전략이나 계획을 비판하기도 했다. 기획사에 아이돌의 노동환경 보호를 요청하기도 하고, 음악 순위에서 1위를 차지하기 위해 물심양면으로 정성을 들여 아이돌을 지지하는 행동을 실천하기도 한다. 팬들의 활동은 때로는 '돌봄'으로, 때로는 상호작용성이 반영된 '실천'으로 평가되어왔다. 돌봄은 여성의 가상노동이나 정체성을 규정하는 데 주로 활용되는 개념인데, 최근 돌봄 관계는 더욱 확장된 개념으로 사용되고 있다. 돌봄은 애정, 헌신, 관심, 시간·에너지·사원의 물질적인 투자를 동반한다. 그리고 낮은 단계의 상호의존성을 기반으로 공동체나 직장 내의 연대 관계를 구축하기도 한다. 한편으로는 공적 관계를 유지하기 위한 사회적 관계를 구성하는 데 돌봄이 활용되기도 한다.[3]

아이돌 팬들은 자신이 좋아하는 아이돌의 평판을 관리하고 건강, 기획사와의 계약관계, 활동 분야, 인터뷰 내용, 음악에 대한 평가 등 다양한 분야에서 '돌봄(노동)'을 수행한다. 글로벌 음악시장에서 성과를 얻고 기획사가 성장하게 되면서 이러한 팬들의 '마음씀'은 중요한 콘텐츠 전략으로 활용된다. 팬들은 아이돌 산

2 김영대(2024.5.3), "하이브-민희진 사태로 본 '멀티 레이블'의 두 얼굴", 〈시사저널〉.

3 P. Lynch (2017), On care for our common discourse: Pope Francis's nonmodern epideictic, *Rhetoric Society Quarterly*, 47(5), p. 562.

업의 전반적 트렌드와 음악을 소비하기보다 자신의 '최애' 아이돌의 활동에만 집중해 다양한 콘텐츠를 개발하고 있기 때문이다. 공동체로서의 팬덤 활동은 여전히 활발하지만, 기획사 주도의 플랫폼이나 서비스가 많아지고 팬덤 공동체로서의 소속감이나 실천적 활동보다 개인의 취향과 소비에 집중하는 경향이 더욱 강해지고 있다.

최근에는 다양한 글로벌 플랫폼 서비스가 이뤄지고 이를 기반으로 콘텐츠가 유통되면서 개인의 취향에 집중하는 소비행태가 자리 잡기 시작했다. BTS의 경우 빌보드 차트에서 1위를 차지한 곡의 수도 늘어나고, 유튜브 등의 플랫폼에서 나타나는 조회수도 전무후무한 기록을 계속 세웠다. BTS의 〈버터〉 뮤직비디오가 유튜브에 업로드된 후 조회수 1억 회에 도달하는 데는 21시간밖에 걸리지 않았다. 팬들은 자신들의 '최애 아이돌'이 노력한 만큼의 보상을 받는 과정과 결과에서 큰 만족감을 느끼게 되었다. 유튜브의 조회수나 빌보드 차트 1위 등의 기록은 BTS의 미국 시장에서의 성공 이전에는 없었던 기록이기 때문이다.

음악 순위 차트, 유튜브 조회수 등 아이돌의 성과가 데이터 수치로 평가되면서 팬들도 이러한 데이터 기록을 중요하게 생각하기 시작했다. 그리고 해외에서 이러한 평가기준에 빠르게 도달한 그룹이 BTS다. BTS는 미국의 유명 토크쇼나 아침 라이브 방송에서 공연을 하고, 미국 빌보드 차트에서 오랜 시간 상위권을 차지하는 기록을 세웠다. 2017년부터는 톱 소셜 아티스트로 선정되기도 했다. 미국 그래미어워즈에서는 노미네이트만 되었던 부분에 대해 의견이 분분했지만, 노미네이트되었다는 것만으로도 대단한 기록으로 평가되고 있다. 서구사회에서 본격적으로 인기를 끌기 시작한 2018년에는 미국 시장에서 60만 장 이상의 음반이 판매된 것으로 집계됐다.[4]

"음악 산업이 달라졌어요. 1세대 아이돌 그러면 대중이 다 알았거든요. 아이돌 팬과 대중이 겹치는 부분이 많았어요. 그런데 이제는 대중과 아이돌 팬들이 거의 안 겹쳐요. 아이돌 팬들은 일반 대중에게 인기 있는 것에 별로 관심이 없고요. 일반 대중은 아이돌 세계에서 핫하고 시끄러워져도 몰라요. 이게 세계적으로 폭발하면 그때서야 '어? 저런 게 있었어, 누구야' 하고 뒤늦게 … 차트에 올라오면 '이 가수가 누구지?' 서로 모르는 거예요." – JYP 박진영[5]

JYP엔터테인먼트 박진영 대표의 인터뷰를 통해서도 알 수 있지만, 최근 음악을 소비하는 방식은 개인의 취향 중심으로 이뤄진다. 디지털 미디어의 활용과 비슷한 관심사를 가진 팬들 간의 유대감은 자신만의 취향에 더욱 집중하게 만든다. 하지만 BTS 팬덤은 개인화된 문화적 취향 공동체가 사회적 의제에도 비판의 목

4 서정민(2019.10.19), "BTS, 지난해 미국 음반 판매량 2위 차지", 〈한겨레〉.
5 히어로콘텐츠팀(2023.1.18), "대중성보다 충성심 … 케이팝 아이돌의 심장은 '팬덤'", 〈동아일보〉.

소리를 내는 특징을 지닌다. BTS의 성장과정은 팬들의 관심과 다양한 사회현상을 이끌어냈고, 케이팝 산업에서 볼 수 없었던 규모의 글로벌 팬덤의 구성에도 성공했다. 기획사는 글로벌 팬덤을 관리하기 위해 여러 방안을 모색했고, 팬덤 커뮤니티 플랫폼이 그중 하나의 방법이었다. 하지만 최근 기획사가 운영하는 팬 플랫폼이 소속감이나 유대감, 조직력을 갖기 어렵게 만들고 있고, 그룹보다 멤버 개인별로 팬덤 활동이 이뤄지게 되면서 돌봄으로서의 팬심을 드러내는 데만 집중할 수밖에 없는 구조가 형성되고 있다. 아이돌와 팬의 관계를 구성하는 데 정서적 유대가 큰 역할을 하고 있지만, 기획사가 운영하는 팬덤 플랫폼의 등장으로 팬덤 문화는 큰 변화를 맞이하고 있다. '나'의 애정을 표출하는 방식은 개인화되고 있고, 유료 멤버십이라는 정체성을 획득해야만 아이돌과 소통할 수 있는 현재의 케이팝 문화는 변화가 필요해 보인다.

2
문화실천과 소비 사이에서 갈등하는 팬덤

국제음반산업협회(IFPI)의 발표에 따르면 2023년 세계 음반 산업은 10.2% 성장, 구독기반 스트리밍과 실물 음반이 각각 11.2%와 13.4% 성장했다. 이 중에서도 케이팝 분야의 성장이 눈에 띄는데, 글로벌 앨범 차트를 살펴보면, 아이돌 그룹 세븐틴의 〈에프엠엘(FML)〉이 1위, 스트레이키즈의 〈파이브스타〉가 2위, 엔시티(NCT)드림의 〈아이에스티제이〉가 6위 등 케이팝 앨범이 5장이나 10위 안에 있다. 미국의 대표 가수라도 해도 과언이 아닌 테일러 스위프트는 4위와 5위를 차지했다. 글로벌아티스트 차트에서는 세븐틴 2위, 스트레이키즈 3위, 투모로우바이투게더 7위, 뉴진스 8위 등으로 나타났다.[6] 2024년 5월 6일 발표에 따르면, 세븐틴의 베스트 앨범 〈17 이즈 라이트 히어(17 IS RIGHT HERE)〉가 4월

6 서정민(2024.4.15), "케이팝, 세계 실물 음반 산업 성장 큰 공헌", 〈한겨레〉.

29일 발매 후 일주일(4월 29일~5월 5일) 동안 296만 7,937장이나 판매됐다. 이는 한터차트 기준 케이팝 베스트 앨범 사상 최다 초동[7] 판매량이다.[8]

음반 판매량을 통해서도 알 수 있듯이, 지난 몇 년 동안 BTS가 보여준 미국 음악시장에서의 성공은 모두의 환대를 받았고, BTS는 한류문화의 상징이 되었다. 2017년부터 현재까지 BTS가 미국 음반 산업과 글로벌 팬덤 형성 과정에서 보여준 성과는 한류문화뿐 아니라 아시아 가수로서도 최고의 성과를 나타낸 결과였기 때문이다. BTS가 음반을 출시할 때마다 빌보드 차트에서 높은 순위를 차지하고 빌보드 뮤직 어워드, 아메리칸 뮤직 어워드에서도 수상했다. 2022년 미국 라스베이거스 공연이 열린 기간 동안 이 도시는 BTS 팬덤의 공간으로 바뀌기도 했다. 빅히트엔터테인먼트가 하이브엔터테인먼트로 회사명을 변경하고 많은 산하 레이블을 거느릴 수 있었던 이유도 BTS의 성공과 꾸준한 활동으로 수많은 팬덤의 지지를 받을 수 있었기 때문이다. 그리고 팬들은 자신들의 팬심을 드러내는 데 주저하지 않는다는 점, 기획사들은 이러한 팬심을 통해 수익을 얻는 방법과 전략을 구상하기 시작했고, 팬심을 증명하는 대표적 기준이 앨범 판매량이었다. 걸그룹 블랙핑크도 해외에서 큰 성공을 거두었는데, 이후 데뷔한

7 발매 직후 일주일간 음반 판매량.

8 안태현(2024.5.6), "세븐틴, 신보 초동 판매량 296만장 돌파 … 베스트앨범 사상 최다 기록", 〈뉴스1〉.

케이팝 아이돌 그룹의 목표이자 성공 기준은 BTS나 블랙핑크가 되었다. 해외 음반 판매 순위, 빌보드 차트 순위 등 아이돌 그룹의 성공을 측정할 수 있는 기준이 국내 음원 차트뿐 아니라 해외 차트까지 포함되면서 아이돌 그룹의 활동도 많아지고, 팬들의 역할론도 커졌다. 그리고 그 역할론을 수행하기 위해서는 일정 정도 정해진 경제적 소비가 이뤄져야 한다. 실제 케이팝 문화에서 '음반 구매력'과 '음원 사재기' 등의 문제로 팬들의 피로감은 커진 상황이다. 최근 팬덤 내에서도 앨범 판매 방식에 대한 피로도와 비판적 의견이 적지 않다.

음원 스트리밍 플랫폼의 순위가 케이팝 아이돌의 역량 평가에 중요한 기준이 되면서, 음원 사재기 문제는 계속 지적되고 있다. 실물 음반 구매도 문제다. CD앨범 구매 후 CD를 실제로 사용하는 사람은 적기 때문이다. 랜덤 포토카드, 팬사인회 응모권을 얻기 위해 CD를 수백 장씩 구매해야 하는 기획사의 전략으로 인해 팬들은 부담과 피로감을 동시에 느끼고 있다. CD를 구매만 하고 사용하지 않고 버리는 앨범 폐기물이 문제로 지적되고 있다. 국내 기획사가 앨범 제작에 사용한 플라스틱이 2017년 55.8톤에서 2023년 801.5톤으로 6년 사이에 14배 이상 증가한 것으로 나타났다. 이러한 현상이 나타난 이유는 음악 소비 환경이 변화했기 때문이다. CD플레이어 사용이 줄어들고 음원 스트리밍으로 음악을 즐기는 방식이 자리 잡자 기획사들은 다른 자구책을 모색해야 했다. 기획사들은 앨범을 크고 화려하게 리뉴얼했고, 화보집을 넣기도 했다. 2010년 발매된 소녀시대 2집 앨범 〈오(Oh!)〉에는 멤버 9명 중 한 명의 포토카드가 랜덤으로 들어가 있었는데, 모든 멤버의 포토카드를 모으기 위해서는 CD를 최소 9장 구매해야 했다. 여기에 CD 안에 팬사인회 추첨권까지 포함하면서 팬들이 구매해야 하는 CD 수는 더욱 늘어났다. 앨범 하나당 응모권 한 장을 넣어 많이 살수록 당첨 확률이 높아지는 구조였다. 좋아하는 가수의 팬사인회 응모권이나 포토카드 등을 이유로 똑같은 앨범을 대량 구매하도록 유도하는 상술이 지나치다는 비판 여론이 확산되었다. 2023년 한국소비자원이 14세 이상 500명을 대상으로 설문조사를 한 결과, 음반을 사는 목적 중 '굿즈 수집'이 52.7%, '이벤트 응모'는 25.4%로 나타났다. 이러한 문제가 드러나면서 10대 팬들에게 무리한 소비를 하게 만든다는 비판담론이 형성되었다. 미국 그래미어워즈에서도 케이팝에 대한 부정적 시각을 형성하는 데 영향을 미친다는 의견도 적지 않다. 실제로 일본 도쿄 시부야에서는 아이돌 그룹의 앨범이 길거리에 쌓인 채 버려진 사진이 인터넷으로 공유되기도 했다. 앨범을 구매한 뒤 포토카드 같은 필요한 것만 빼고 버린 것이다.[9]

9 설문조사는 중복응답이 가능한 것으로 조사되었고, 음반 수집이 75.9%, 음악 감상이 66.7%, 굿즈 수집 52.7%, 이벤트 응모 25.4%로 나타났다. 윤솔·이예림(2024.5.6), "아이돌 만나려면 앨범 수백 장 사야 … 상술에 허리 휘는 '팬덤'", 〈세계일보〉.

케이팝포플래닛(KPOP4PLANET)[10]은 기후위기에 대응하기 위해 2021년 시작한 케이팝 팬덤 플랫폼이다. 케이팝포플래닛은 케이팝 관련 기획사에 앨범 판매 등의 문제해결을 위한 의견 전달을 꾸준히 하고 있다. 불필요한 앨범 소비 문제를 해결할 것을 요구하는 '온라인 청원'을 했는데, 90개국 이상 1만 명이 넘는 케이팝 팬들의 청원을 받아 메이저 엔터사들에게 전달했다. 하지만 직접적인 답변을 듣지는 못한 것으로 알려졌다. 또한 앨범 폐기물들을 수거해 엔터사들에게 전달하는 캠페인을 위해 3주 동안 8천 장이 넘는 앨범을 수거했고, 팬들의 메시지와 함께 전달했다.[11] 이와 같이 팬들이 느끼는 피로감은 환경보호를 위한 팬들의 활동을 통해 문제해결을 위한 시도가 이뤄지고 있지만, 아이돌 소속 기획사의 적극적 의견 수렴과 변화가 전제되지 않고서는 해결방안을 모색하기는 쉽지 않을 것이다.

10 https://www.kpop4planet.com/ko

11 이세연(2024.1.22), "썩어나는 '썩지 않는' 앨범", 〈포춘코리아(FORTUNE KOREA)〉.

3
상상의 관계를 중계하는 플랫폼, 비판하는 팬덤

다양성과 다원성의 시대에 사회를 조직하고 구성하는 기본원리는 무엇일까. 최근에는 공동체를 구성하는 데 개별화와 다양성을 상징하는 '취향'이 중요한 화두가 되었다. 취향이 중요하게 인식되는 이유 중 하나는 트랜스미디어를 활용한 정보 생산과 소비환경이 구축되었기 때문이다. 헨리 젠킨스(Henry Jenkins, 2010)는 팬덤문화 형성에서 트랜스미디어의 역할에 주목했다. 또한 트랜스미디어 스토리텔링에 대한 개념 설명에서 다양한 전달 채널을 통해 통합적이면서도 균형이 잘 잡힌 스토리텔링으로 엔터테인먼트 경험의 창출과 그 콘텐츠의 체계적인 확산과정을 강조한다. 트랜스미디어 스토리는 다양한 기술 플랫폼을 통해 다양한 관객이 더 큰 이야기의 개별 스토리 요소를 경험할 수 있는 것이라 설명한다.[12] 윤혜영(2019)은 트랜스는 횡단과 변형, 초월을 의미하므로 트랜스미디어는 미디어를 횡단하고 변형하며 초월하는 목적에서 '반복'과 '연장', '확보'와 '연결'이라는 공통의 욕망이 발견된다고 보았다.[13] 이영수(2015)는 트랜스미디어에 참여하는 소비자 중 '능동적 참여 소비자'와 '프로슈머'에 중점을 두고 사용자 참여 정도에 따라 기초적인 세계관뿐 아니라 캐릭터, 스토리가 만들어진다고 설명한다.[14] 젠킨스가 말하고 있는 트랜스미디어 스토리의 필수요소인 급진적 상호텍스트성과 멀티양식성의 통합이란 디지털 팬, 즉 사용자의 적극적이고 창의적인 참여, 소비, 생산, 그리고 콘텐츠에 대한 읽기뿐만 아니라 쓰기, 변형, 유포라는 행위가 없다면 불가능하기 때문이다. 이러한 맥락에서 젠킨스의 트랜스미디어 스토리텔링 개념화에는 하나의 스토리가 트랜스미디어 스토리가 되기 위한 필수요소로 급진적 상호텍스트성과 멀티양식성의 통합이 강조되고 있다.[15] 아이돌 문화가 트랜스미디어를 기반으로 유지될 수 있는 이유는 팬들의 자발적 콘텐츠 생산

12 Henry Jenkins (2010), "Transmedia Storytelling and Entertainment: An annotated syllabus," *Journal of Media & Cultural Studies*, 24(6).

13 윤혜영(2019), 〈트랜스미디어에 대한 개념적 고찰〉, 《한국콘텐츠학회논문지》 19(11), 644-652쪽.

14 이영수(2016), 〈문화콘텐츠에서 트랜스미디어가 가지는 현재적 의의〉, 《인문콘텐츠》 43, 299-311쪽.

15 김수철·강정수(2013), 〈케이팝에서의 트랜스미디어 전략에 대한 고찰: 〈강남스타일〉 사례를 중심으로〉, 《언론정보연구》 50(1), 91쪽.

과 공유가 가능하기 때문이다.[16]

팬들이 오랜 시간 디지털 공간에 머물 수 있는 이유는 소셜미디어 플랫폼을 통해 실시간에 가까운 셀러브리티의 정보를 확인할 수 있고, 폐쇄성이 강한 인터넷 커뮤니티보다 소셜 플랫폼 네트워크망을 통해 더 많은 정보를 소비할 수 있기 때문이다. 기획사, 방송사, 제작사 등 한류 콘텐츠 생산은 여전히 전문가들의 역할이지만, 팬들이 스스로 정보를 생산하거나 재생산하는 등 전유·재전유되는 콘텐츠 생산과 유통·소비가 이뤄졌다. 소셜미디어가 콘텐츠를 유통하는 데 중요한 매개적 역할을 하면서 케이팝 글로벌 팬덤의 역할은 사회문화적으로나 경제적으로 중요한 주체로 부상했다. 다양한 팬덤 활동이 디지털 공간에서 이뤄졌고 디지털 담론이 현실 상황에도 영향을 미치기 시작하면서 인종차별이나 기후위기 관련 이슈에 비판적 목소리를 내기도 한다.

하지만 아이돌을 육성하는 기획사들은 경제적 소비 주체로서

16 숨피(Soompi.com)가 한류문화 팬덤 플랫폼으로 의미가 있는 부분은 기획사가 운영하는 플랫폼과의 차이가 존재하며, 한류문화의 형성 초기부터 활동을 시작했다는 점이다. 숨피는 1998년 한국계 미국인 웹 개발자 수잔 강이 설립했고, 2011년부터는 대한민국의 기획사들과 협업을 통해 대한민국 내 아티스트와 엔터테인먼트 콘텐츠를 소개해왔다. 2014년에는 일본의 애니메이션 스트리밍 기업 크런치롤(Crunchyroll)이 숨피를 인수했고, 이후 2015년 8월에는 미국의 글로벌 TV 사이트 비키(Viki)가 숨피를 인수해 운영하고 있다. 숨피는 뉴스, 게시판, e-커머스와 동영상이 결합된 콘셉트로 운영되고 있는데, 최신의 한류 관련 콘텐츠 정보를 제공하고 있어 많은 해외 팬들이 방문하는 플랫폼이다. 2017년 한국국제문화교류진흥원에서 진행한 숨피 설립자 수잔 강 인터뷰 내용에서는 숨피의 시작, 한류 팬들의 호응 그리고 플랫폼에 기반해 현재의 운영 시스템을 구축했음을 설명했다.

한류 팬덤이 부상하면서 글로벌 팬덤의 취향과 정보를 관리하는 데 더 집중하기 시작했다. 하이브의 '위버스' 플랫폼, SM엔터테인먼트의 일대일 메시지 교환 서비스를 제공하는 '버블' 등의 플랫폼이 케이팝 팬들을 대상으로 서비스를 시작했다. 기획사가 아이돌 관련 일정을 구체적으로 제공하고, 굿즈를 판매하기도 하며, 아이돌과 온라인 미팅을 하는 등 체계화된 서비스를 제공하면서 기획사가 운영하는 플랫폼 회원 수는 급격하게 증가했다. 팬들의 미디어 이용환경을 따라잡기 위해 기획사가 운영하는 플랫폼은 유료 회원제를 통해 아이돌 관련 정보를 제공하거나 DM(Direct Message)도 유료화하기 시작했다.[17]

기획사가 운영하는 플랫폼이 갖는 상입적 가치뿐 아니라 한류 팬들이 스스로 커뮤니티를 만들고 관련 정보를 재생산하는 문화는 여전히 큰 영향력을 갖는다. 김영환·정회경(2019)은 한류 콘텐츠를 소비하는 데 해외 팬들의 가장 큰 어려움은 한국어로 제작된 케이팝 콘텐츠를 이해하기 어렵다는 점이다. 한국어의 어려움을 해결하기 위해 팬들은 스스로 한류 콘텐츠 자막을 제작하고 다른 팬들과 공유하는 방식을 보여준다. 팬들이 스스로 자막을 제작하고 온라인에서 공유하는 과정은 케이팝 팬들의 정체성을 구성하는 데 중요한 역할을 했다. 또한 한류문화 소비의 시공간

17 강신규(2022), 〈커뮤니케이션을 소비하는 팬덤: 아이돌 팬 플랫폼과 팬덤의 재구성〉, 《한국언론학보》 66(5), 5-56쪽.

을 확대하며 또 다른 한류 팬들을 불러 모으는 선순환 구조를 구축하는 중요한 기반이 되었다.[18]

한국국제문화교류진흥원의 〈2023 해외한류 실태조사〉에서 한류문화에 대한 조사 결과, 한류문화에 대한 저해요인으로는 한국어의 어려움이 높은 것으로 나타났다.[19] 그리고 이러한 저해요인이 한류 팬덤 플랫폼을 통해 팬들이 스스로 방법을 찾고 관련 정보를 공유하는 능동성을 갖게 만들었다는 점은 흥미로운 부분이다. 여기에 디지털 기술은 팬들의 능동성을 확장하는 매개체가 되기도 하지만, 상업적 이익구조에 적합한 소비자로서 팬들의 역할을 부여하기도 하는 '이중적 정체성'을 형성하는 데 중요한 동인이 되었다. 기술은 자유로운 정보생산과 소비 환경을 구현하기도 하지만, 자본에 포섭되기도 쉬운 특성을 지니기 때문이다. 기술 개발자, 기술을 활용한 데이터 활용의 지향성은 개발자의 가치관을 빠르게 흡수하지만, 잘 드러나지 않는 속성을 지닌다. 케이팝 산업은 인터넷 커뮤니티부터 가상인간 캐릭터까지 다양한 기술을 상업적 가치를 획득하는 데 활용해왔고, 이제는 팬덤의 능동적 활동을 빠르게 데이터화하는 데 기술을 활용하고 있다. 문

18 김영환·정회경(2019), 〈글로벌 팬덤을 통한 한류 콘텐츠의 확대: Viki의 '팬 자막' 커뮤니티를 중심으로〉, 《Journal of Digital Convergence》 17(11), 523-530쪽.

19 호감요인의 경우 음악은 중독성 강한 후렴구나 매력적인 외모, 드라마의 스토리와 한국 생활 및 문화의 간접 경험, 웹툰, 게임, 출판 등에서도 그림의 완성도나 스토리에 대한 한국 문화의 특징이 제시되었다.

제는 이러한 기술 활용 방식이 블랙박스화되고 있다는 점이다. 조사 결과는 빠르게 확인할 수 있지만, 데이터 수집과정, 보관관리 등에 대해서는 알려진 바가 없다. 기술을 활용한 케이팝의 성과·성공에만 관심을 갖는 방식은 변화되어야 한다.

케이팝은 아시아를 중심으로 인기를 끌면서 이후 글로벌 시장으로 영역을 확장했는데, 그동안 한국 대중음악은 언어, 문화적 차이, 국가별 교류 등 여러 가지 어려움이 있었다. 하지만 디지털 기술의 유입은 해외 진출에 소요되는 비용을 절감시켰고, 케이팝을 전 세계의 많은 사람이 쉽게 접촉할 수 있는 환경을 만들었다. 여기에 해외 시장 진출에 집중했던 엔터테인먼트 기획사들의 전략, 방송사나 정부 등과 적극적 협업 등이 작용했다는 진단도 실득력을 얻는다. 엔터테인먼트 기획사가 주도한 아이돌 가수의 육성 전략, 아이돌의 완벽한 집단군무, 뮤직비디오 속 화려한 퍼포먼스, 아이돌 개인이 가진 매력도 팬들의 관심을 끌기에 충분했다. 그리고 이러한 매력적인 케이팝을 전 세계적으로 확산시키는 데는 팬들의 능동적 소비도 큰 영향을 미쳤다.

이제 우리는 케이팝의 발전 과정과 글로벌 팬덤 형성의 의미가 지금의 디지털 기술이 주도하는 케이팝 문화의 상황에도 그대로 적용할 수 있는지 그 가능성에 대한 논의가 필요하다. 김수정과 김수아(2015)는 팬덤에 대한 인식의 전환을 강조한다. 즉 팬은 해석하고 전유하는 자에서 참여하고 연결하고 수행하는 자로 변화하고 있으며, '비판적 해석'보다는 '수행적 실천'이 팬덤의 핵심 성격이 되고 있다는 것이다. 팬덤이 지닌 수행적 실천은 정치적 이슈에도 적극적으로 나타난다. 인종차별 반대운동이나 기후위기 등의 사회정치적 이슈에도 능동적으로 참여하는 케이팝 팬덤의 지향과는 반대로 엔터테인먼트 기획사들이 제공하는 현재의 기술 기반 서비스들은 상업적 전략 중심의 논의가 주를 이루고 있다.

코로나19 팬데믹으로 이전에는 경험하지 못했던 커뮤니케이션 환경과 디지털 기술의 비자발적 수용을 경험했던 지난 몇 년 동안 케이팝 산업과 팬덤 문화도 변화했다. 온라인 콘서트에서 화제가 되었던 것처럼, 과거에는 아이돌이 무대의 주인공이었다면, 코로나19 팬데믹 시기에는 온라인 퍼포먼스 참여자 모두가 주인공이 되는 경험을 하기도 했다.

하지만 케이팝 팬덤이 일상생활 속에서 케이팝 음원을 향유하고 소셜미디어를 적극적으로 활용하며 능동적 주체로 대중문화를 생산해온 데 비해, 현재 엔터테인먼트 기획사가 제공하는 서비스는 미디어 플랫폼이 주도하는 이벤트를 비자발적으로 수용할 수밖에 없는 환경을 만들고 있다. 케이팝 문화는 아쉽게도 개인화된 서비스가 제공하는 공감과 감정교류라는 특징이 존재하지만, 더 나아가기가 쉽지 않다. 오히려 팬덤으로서의 위치보다 '소비자'로서의 역할을 더욱 요구받는 상황이다.

케이팝이 큰 주목을 받았던 이유는 팬들의 공동 행동과 실천성이었다. 이러한 실천성은 친밀성이라는 감정적 연결고리로 구성된 팬덤 플랫폼 이용목적에 포섭되면서 개별화되면서 끈끈한 커뮤니티 연대성을 갖기가 점차 어려워지고 있다. 이지은(2022)은 '버블' 메신저를 '친밀 환상'이라고 설명한다. '버블'에서의 상호작용이 친밀감을 자아내는 데 성공하는 것은 팬이 스타에게 가지는 환상, 즉 '버블'이라는 플랫폼이 제공하는 상호작용이 가상적 관계에 내재한 환상에 의존하게 된다는 것이다.[20] 강신규(2022)는 팬덤의 능동성도 중요하지만, 팬덤 의존도가 높은 아이돌 산업의 상황도 고려해야 한다고 보았다. 기존의 팬들이 자발적으로 만들었던 팬덤 커뮤니티가 쇠퇴하고 산업 주체가 만든 유료 기반 플랫폼에 기존의 팬덤 커뮤니티가 빠르게 흡수되는 현상의 위험성을 지적한다. 이와 함께 기획사가 운영하는 팬덤 공동체 플랫폼의 경우, 이용자 데이터 활용 문제와 구체적인 정보 활용 기준도 필요하다고 보았다.[21]

1990년대부터 시작된 1세대 아이돌과 팬의 관계는 인터넷과 소셜미디어 등 디지털 환경이 등장하면서 2세대 이후 아이돌-팬의 관계와는 차이를 나타낸다. 초기 팬덤은 열광적 소비가 목적이었지만, 2세대나 3세대 아이돌 팬덤과 기획사 모두 아이돌을 관리하는 데 집중했다. 그리고 4세대 아이돌 시대에는 소셜미디

20 이나은(2022), 〈친밀환상의 작동방식: 팬플랫폼 '버블' 사용자를 중심으로〉, 《미디어, 젠더&문화》 37(2), 157-200쪽.

21 강신규(2022a), 〈팬덤 플랫폼과 디지털 기반 엔터테인먼트 산업의 변화〉, 《Media Issue & Trend》 50, 6-18쪽.

어가 지닌 친밀성이라는 환상을 구체적으로 산업화하고 있다. 자본주의 사회에서 '소비자'는 다양한 권능을 발휘하며 영향력을 행사한다. 아이돌 산업도 예외가 아니다. 아이돌과 여성-팬의 관계는 점차 선택해 구매 가능한 영역[22]으로 인식되고 있다. 팬 플랫폼은 팬덤 소비의 중심을 아이돌 콘텐츠에서 커뮤니케이션으로 이동시키는데, 기술이 주도하는 커뮤니케이션은 결과적으로 팬덤을 수동적으로 만든다. 사실상 이러한 커뮤니케이션은 프라이빗하지도 않고, 서로를 깊이 알게 하는 데 영향을 미치지도 못하며, 상상의 관계에만 의존하게 한다.[23] 불안정하고 상업적 관계를 비판하는 팬들도 적지 않지만, 동시에 지속적인 소비를 통해 아이돌의 역량과 기획사의 인지도를 획득하게 하는 행위자로서의 역할을 거부하기도 어렵다. 팬덤 커뮤니티가 예전만큼 힘을 받지 못하고 소비자로서의 역할에 충실할 수밖에 없는 상황이지만, 대중문화의 속성이 그러하듯이, 반복되는 갈등과 협상의 관계 속에서 더욱 생산적인 케이팝 문화를 구성할 수 있는 팬덤의 활동이 또다시 주목받게 될 것이다.

22 장지현(2019), 〈3세대 아이돌 산업의 친밀성 구조: BTS 팬덤을 중심으로〉, 연세대학교 석사학위논문, 79쪽.

23 강신규(2022b), 〈커뮤니케이션을 소비하는 팬덤: 아이돌 팬 플랫폼과 팬덤의 재구성〉, 《한국언론학보》 66(5), 5-56쪽.

Media
tech/
\k-pop

6장 케이팝·아이돌 추앙(推仰)하기의 아이러니

케이팝 산업은 다양한 기술을 통해 새로운 콘텐츠를 생산할 수 있는 특징을 지닌다. 또한 케이팝 가수 팬들은 충성도가 높아 관련 콘텐츠나 퍼포먼스에 대한 피드백도 빠르다. 따라서 기술을 활용한 케이팝 퍼포먼스나 관련 서비스를 제공하는 플랫폼을 선보이는 데 팬들의 반응은 적극적이다. 하지만 아쉬운 점은 기술 도입 과정에서 기술의 대중화가 이용자에게 미칠 영향력이나 가치관의 변화 등 사회문화적 영향력에 대한 논의는 거의 이뤄지지 않고 있다는 점이다. 인공지능이나 디지털 플랫폼, 메타버스, NFT 등의 기술은 다양한 문화적 환경을 팬덤에게 제공할 수 있을 뿐 아니라 엔터테인먼트사의 새로운 수익구조를 형성할 수 있는 상업적으로 고도화된 영역이기도 하다. 따라서 새로운 기술의 대중화를 위해서는 다양한 주체 간의 상호관계가 유발하는 의미를 분석해야 하며, 이러한 상황에 대한 복합적 고려가 이뤄져야 한다.

새로운 기술을 대중에게 서비스하기 위해 데이터 수집뿐 아니라 정보의 선별이 얼마나 중요한가를 보여준 사례가 챗봇 '이루다'다. 2021년 서비스를 시작한 챗봇 '이루다'는 이용자가 심리상담 목적으로 업로드한 카카오톡 대화 문장을 동의 없이 수집했고, 챗봇 인공지능 학습을 시켰다. 그런데 이용자와의 대화 과정에서 혐오적 언어를 사용해 문제가 되었고, 결국 이루다는 서비스를 중단했다.[1] 인공지능이 가진 기술의 특성이 문제라기보다 인공지능 기술의 디자인이나 인공지능 기술을 어떤 환경에 적용할 것인지, 누가 내용을 구성하는지가 더 중요하다는 것을 보여주었다.

이광석(2021)은 '챗봇 이루다 사건'은 기술 개발 단계에서 데이터 편향으로 인한 혐오와 차별 발생 문제가 심각했다고 비판한다. 챗봇 이루다 논쟁은 이용자와의 대화 과정에서 사회적 이슈에 대한 시각이 문제였다. 즉, 챗봇 이루다의 딥러닝에 사용된 데이터가 무작위로 수집된 개인정보라는 점은 심각한 문제다. 하지만 이루다를 흡사 약자나 타자의 인격체로 인식한다면 기술이 유발하는 문제의 본질적 논지를 흐리게 한다고 비판한다.[2]

케이팝 산업 내의 상황은 어떨까. 데뷔하는 아이돌 가수들은 자신의 다른 자아로서의 홀로그램 가상인간을 그룹 멤버로 인식해 활동하고 있으며, 팬들 역시 기획사의 홍보 전략을 그대로 수용하고 있다. 한편으로는 새로운 케이팝 콘텐츠로 이해할 수도 있다. 팬들에게 새로운 세계관으로서 상상의 계기를 제공하고 팬들만의 수용문화를 형성할 기회를 제공하기도 하지만, 인격체로

1 전승재·고명석(2021), 〈이루다 사건을 통해서 보는 개인정보의 인공지능 학습데이터 활용 가능성〉, 《정보법학》 25(2), 103-133쪽; 홍진수(2021.4.28), "AI 챗봇 '이루다' 개발사에 과징금 및 과태료 1억330만원 부과 … 개인정보보호법 위반", 〈경향신문〉.

2 이광석(2021), 〈챗봇 '이루다'가 우리 사회에 남긴 문제: 인공지능에 인권 매뉴얼 탑재하기〉, 《문화과학》 105, 183-198쪽.

서의 아이돌을 인식하기보다 아이돌 역할을 수행하는 캐릭터로서만 인식하게 만들기도 한다. 물론 다양한 경험과 문화적 체험은 새로운 문화를 형성하는 데 중요한 기반이 된다. 하지만 인간과 비인간 사이 경계의 모호함을 '새로움'만으로는 정의하기 어려운 부분이 존재한다.

케이팝이 미디어 기술을 통해 실시간으로 팬들과 상호 소통하고, 음악 콘텐츠 재현 방식의 시각화에 성공할 뿐 아니라 메타버스 등 온라인 공간에서 팬들에게 다양한 체험을 제공하는 지금, 마크 안드레예비치(Mark Andrejevic)의 비판에 주목할 필요가 있다. 레이 커즈와일은 자신의 아버지가 세상을 떠난 후, 아버지와 관련된 데이터를 디지털화하는 작업을 수행했다. 그러면서 자동화된 아버지의 데이터 버전이 실제 아버지보다 더 지속적이고 일관적일 수도 있다는 주장을 하기에 이른다. 아버지로 지칭되는 '인간' 관련 주체에 대한 모든 데이터를 추출해 주체를 자동화한다는 것이다. 하지만 이러한 커즈와일의 주장을 마크 안드레예비치는 비판한다. 인간이 AI와 다른 점은 바로 불확실성인데, 예측 불가능한 인간, 인간의 데이터를 '자동화할 수 있다'는 가정이 갖는 문제를 비판한다.[3] 하지만 이러한 비판과 우려에도 불구하고 미디어 플랫폼사들은 새로운 시장 개척을 위한 기술 활용에 더욱

3 M. Andrejevic (2019), *Automated Media*, Routledge. 이희은 옮김(2021), 《미디어 알고리즘의 욕망》, 컬처룩.

적극적인 상황이다. 페이스북은 VR 기반 메타버스 서비스 계획을 발표했고, 로블록스의 메타버스 게임도 주목을 받았다. 국내의 엔터테인먼트사와 게임사들도 변화하는 미디어 환경과 이용자의 취향에 맞춰 메타버스 시장 진출을 시도했다.[4] 그리고 지금은 아이돌 산업에 생성형 인공지능 기술이 활용되고 있다.

케이팝은 '우리'와 '기술'을 매개하고 있다고 해도 과언이 아닐 만큼 다양한 기술이 적용된 서비스 출시가 계속 이뤄지고 있다. 사이버 가수 아담부터 AI 작곡가까지 아바타와 인공지능 기술이 창작하는 결과물을 처음 경험하는 것은 아니다. 케이팝 생산 주체들의 경우 새로운 기술이 대중에게 과거의 사례와 다른 어떤 차별성을 서비스할지 다양한 전략을 고민하고 있다. 기술이 발전할수록 인간의 재현과 인간의 특성을 그대로 표현하려는 시도는 더욱 가속화될 것이다.

기술에 대한 찬사와 우려는 과거 그 어느 때보다 동시다발적으로 나타나고 있다. 우리는 기술의 가능성과 위험성을 인지하지만, 어떤 서비스로 경험하는가에 따라 기술 서비스를 의인화하고 현실의 가치관을 그대로 적용해 판단하는 우를 범하게 된다. 따라서 미디어-인간의 관계와 비가시적 미디어 환경에 대한 이해와 비판적 사유가 필요한 시점이다. 일상생활에서 대중문화가 갖

4 이유진(2021.11.23), "엔터·게임업계 화두로 급부상 '메타버스·NFT'를 어떻게 볼 것인가 … '당장은 거품, 미래엔 기회'", 〈경향신문〉.

는 의미, 특히 케이팝이 형성하는 대중문화는 미디어 기술과 매우 밀접하다. 미디어 기술이 매개된 음악 감상, 아이돌 가수와의 소통, 팬덤 간의 관계성이 나타나고 있기 때문이다. 케이팝 팬들은 미디어 기술을 적극적으로 향유하며, 디지털 기술이 가진 연결적 재매개성을 통해 취향의 커뮤니티를 형성한다는 점도 주목해야 한다. 미디어가 갖는 연결적 재매개성은 사회적 의미가 재생산되는 집단적 교류 현상을 의미한다.[5] 아이돌의 일상생활과 음악활동, 기획사의 운영 방식, 콘텐츠가 재현하는 사회적 의미 등을 비판할 수 있었던 것은 케이팝 팬들이 '연결된 개인'으로 존재하며, 소셜미디어의 연결적 재매개성을 적극적으로 활용했기 때문이다. 앞서 살펴봤듯이, 최근에는 인공지능 기술을 활용해 인간이 아닌 기술 기반의 가상인간을 적용한 아이돌 가수를 데뷔시키거나 세상을 떠난 가수의 목소리를 재현하기도 하고, 기획사가 팬덤 플랫폼을 주도하면서 이용자의 저항적 실천성, 팬덤의 비판적 참여를 어렵게 만들고 있다.

현재 케이팝 산업에 대한 글로벌 팬덤의 관심과 참여가 커지면서, 새로운 미디어 기술이 결합된 융복합적 서비스가 가능해졌고, 팬들에게 새로운 경험과 대중음악 향유 방식의 기회를 넓혀주고 있다. 하지만 동시에, 케이팝 가수의 능동적이고 개성 있

5 이동훈(2010), 〈온라인 개인 미디어 공론장의 구조적 재개념화 연구: 소셜미디어화 현상을 중심으로〉, 《언론과 사회》 18(3), 121쪽.

는 음악 활동이 기술의 개입으로 인해 목소리, 춤, 이미지, 그리고 생각까지 서비스로 세분화되고 있다는 점은 현재 케이팝 산업이 '속도성'과 '결과물로서의 서비스'에만 너무 몰두하고 있는 것은 아닌지 논의가 필요해 보인다. BTS가 지금의 글로벌 팬덤을 형성할 수 있었던 이유는 그들의 생각과 고민, 관계성이 지난 몇 년의 시간 동안 팬들과 함께해왔기 때문이다. 즐거움, 함께 만들어가는 정동으로서의 팬덤 문화는 플랫폼이 주도한 규율이나 감정적 환상, 상업적 수익으로는 채워질 수 없다. 케이팝 콘텐츠가 갖는 진정성과 차별성이 있었기에 팬들은 디지털 플랫폼을 통해 콘텐츠를 찾고 소비하고 공유하는 능동성을 계속 가질 수 있었다. 콘텐츠에는 생산 주체의 칭직성과 의도가 빈영되기는 하지만, 무수히 많은 콘텐츠 중 대중의 선택을 받는 콘텐츠는 대중·팬덤과의 상호작용성이 중요하게 작용한다. 오늘날 케이팝에 활용하고 있는 메타버스, 인공지능 기술 등이 팬덤을 데이터 제공자, 서비스를 소비하는 소비자로만 위치짓는 것은 아닌지 논의가 더 필요하다.

케이팝 문화가 기술의 영향으로부터 자유롭기 어려운 상황이 되면서 이용자의 능동적 수행성, 기술이 구현하는 케이팝 콘텐츠의 젠더 이미지, 대화형 인터페이스와 챗봇 기술 등은 팬들의 삶 속에 더 깊숙이 자리 잡게 되었다. 코로나19 팬데믹이라는 터널을 지나오는 동안 외형적으로는 음악을 향유하고 팬덤 활동으로서의 실천행동을 보여주기도 했지만, 그만큼 기술 친화적이 되었고, 많은 시간을 미디어 이용에 할애했다. 홀로그램으로 실존 인물을 재현하는 것과 음성을 복원하는 문제들은 케이팝을 매개하는 기술 그리고 기술이 매개하는 케이팝이 어떤 결과를 가져올 것인지를 질문하게 만드는 어젠다가 되었다.

복잡한 디지털 시스템과 기술 인프라는 인간의 주관성과 문화적 정체성 등 삶의 경험과 구조에 깊이 침투해 일상을 재조정하고 사회적 관계를 재편한다. 스마트폰과 앱이 사회적 관계를 단기적이고 단편적인 방향으로 굴절시키고 삶을 개인화해 DIY 트렌드를 만들어왔던 것처럼 모바일 챗봇과 대화형 인터페이스는 사회적 관계를 대대적으로 재편하는 요인의 하나가 될 것이다.[6] 스마트폰과 앱, 모바일 챗봇 그리고 대화형 인터페이스가 갖는 관계의 비자발적 재편의 경험은 케이팝 산업 내에도 그대로 적용되고 있다. 자발적으로 형성된 팬덤 플랫폼은 기획사의 팬덤 플랫폼에 의해 힘이 약화되고 있다. 아이돌 가수들과 사적 메시지를 주고받고 라이브 방송에 접속해 아이돌 가수들의 '현재'를 함께하지만, 소비자로서의 관계 형성이 전제되어야만 참여가 가능하다. 디지털 플랫폼의 이용자·소비자라는 자격, 기술이 구현하는 인터페이스에 적응한 이후의 정보 생산과 소비는 기술이 매개하는 관계성 이상의 실천을 어렵게 만들고 있다. 이러한 문제를 공론화하고 대안을 모색할 수 있는 논의가 필요한 시점이다.

6 김현준(2023), 〈생성형AI는 무엇을 '생성'하는가?: 커뮤니케이션 생성 엔진〉, 《문화과학》 114, 104쪽.

나가며

내가 팔로우한 아이돌의 활동을 편리하게 확인할 수 있는 이유는 하루에도 몇 번씩 SNS 알람이 울리기 때문이다. 알람을 인지하고 클릭하면, 사진과 메시지가 뜬다. 텍스트와 이미지에는 아이돌의 감정까지도 담겨있는 듯하다. 여기서 더 나아가 라이브 방송으로 아이돌의 목소리를 듣고 함께 대화를 나누는 경험은 아이돌을 향한 팬심을 더욱 단단하게 만드는 역할을 한다. 이처럼 디지털 기술은 아이돌이 더 많은 팬들과 소통을 가능하게 했고, 팬들도 자신이 원하는 아이돌 정보를 소비할 수 있도록 만들었다.

이러한 편리함은 팬들로 하여금 더 많은 시간 아이돌을 위해 투자해 활동을 하도록 만들었다. 아이돌 팬 역시 아이돌만큼 바쁘게 움직여야 한다. 디지털 공간뿐 아니라 현실공간에서도 아이돌의 돌봄활동이 이어진다. 음원차트에서 상위권을 차지하는 데는 팬들의 역할이 중요하다. 아이돌과 같은 공간에서 대화를 나누고 음원 발표를 축하하는 자리에 참석하기 위해서는 많은 음반을 구매해야 하고, 추첨의 기회를 얻어야 가능하다. 팬사인회에 응모하기 위해서는 앨범에 동봉된 응모권이 필요하다. 팬사인회 커트라인인 '팬싸컷'을 넘기기 위해서는 응모권을 수십 장에서 수백 장을 모아야 한다. 유튜브에서 가짜정보가 생산되는지도 살펴봐야 하고, 아이돌을 객관적으로 바라보며 비판하는 '까빠'도 등장했다. '까빠'는 철저한 자기관리 문화가 주를 이루는 한국 사회에서 음반을 사고 내 시간을 투자해 키워내는 아이돌에 대한 왜곡된 보상심리가 발동된 사례라 볼 수 있다.

디지털 공간에서 아이돌의 일거수일투족이 드러나고 기록되면서, 사회적으로 용인되는 이슈는 제한된다. '젠더 말하기'는 특히 더 어렵다. 인종차별 반대에 대한 발언은 가능하지만 젠더 갈등을 유발하는 발언은 금지된다. 연애는 들키지 말아야 하는 것이며, 연애가 알려지면 손편지로 팬들에게 사과해야 하고 반성의 진정성을 보여야 한다. 마른 몸을 유지하는 것은 아이돌의 덕목, 즉 자기관리의 첫 번째 기준이다. 웃으며 팬들을 응대하는 것은 성실함을 확인하는 기준이자 필수 덕목이다.

이렇게 아이돌에게 요구되는 기준은 팬과 아이돌이 하나의 틀로 인식되기보다 때로는 돌봄의 관계로, 때로는 생산자와 소비자의 관계로 이어지며, 복합적 정체성을 가진다. 아이돌의 연애 사실이 기획사의 주식가치 하락으로 이어지는 것처럼, 아이돌이 철저한 자기관리를 해야 하는 이유는 기획사의 자본가치를 유지하는 데에 큰 영향을 미치기 때문이다.

케이팝이 형성하는 대중문화는 다양한 주체들의 목소리와 소비활동이 구성한 결과다. 30여 년의 역사를 가진 케이팝 문화는 지난 몇 년 동안 급성장했다. 아이돌 2세대까지 한류문화의 성장 이유를 아시아라는 인종적·문화적 유사성과 지리적 근접성 등으로 설명했지만, 3세대 아이돌의 성공 이후 그 요인을 명확하게 설명하기는 어려워졌다. 그럼에도 디지털 기술이 연결하는 네트워크와 콘텐츠 소비 방식의 변화는 주요 요인으로 꼽힌다. 놀이문화로서의 케이팝, 친밀성으로 묶어지는 아이돌과 팬의 관계는 디지털 기술이 매개하면서 다양한 사건과 역할론을 경험하게 만들고 있기 때문이다. 일례로 틱톡의 챌린지 영상은 다양한 개인들의 모습에 주목하게 만들지만, 그중에서도 케이팝의 춤과 노래 등을 활용해 다양한 콘텐츠를 생산하는 것이 큰 인기를 끌고 있다. 틱톡 영상의 경우, 아이돌의 챌린지 영상뿐 아니라 이용자가 생산하는 커버댄스 챌린지 영상도 케이팝에 대한 인기를 유지하는 데 큰 역할을 하고 있다.

2010년대 후반, BTS와 블랙핑크 등 아이돌 그룹의 해외에서의 성공과 다양한 활동이 주목받았던 케이팝의 성공은 코로나19 팬데믹 시기를 거치면서 아이돌과 팬덤의 관계를 생산자와 소비자의 관계로 더 명확하게 만들어나갔다. 아이돌 팬덤 연구를 하면서 만난 팬들은 기획사에 여러 불만이 있어서 의견을 개진하지만, 내 의견을 확인했는지도 알 수 없고, 확인했다고 해도 별다른 피드백이 없다는 것에서 허탈함을 느낀다고 답했다. 팬들과의 소통보다 케이팝의 성장에만 주목한 결과라 할 것이다.

성과 위주의 움직임이 지속되면서 케이팝 산업 내에서도 여러 문제들이 드러나고 있다. 코로나19 팬데믹이라는 터널을 지나오는 동안 외형적으로는 음악을 향유하고 팬덤으로서의 실천의 모습도 확인할 수 있었지만, 비가시화되었던 경쟁과 성과 중심의 운영 방식에 담겼던 문제들이 나타나고 있다. 2023년 SM엔터테인먼트 경영진의 갈등, 국내 빅테크 기업들의 케이팝 산업에 대한 투자 움직임, 그리고 2024년 하이브와 어도어 간 갈등 문제가 이에 해당한다. 케이팝 산업 구조가 해외시장에서 큰 주목을 받게 되고, 국내 음악 산업의 변화를 모색하는 과정에서 대형 기획사들은 멀티레이블 구조를 선택했다. 이 과정에서 카카오와 합병하거나 같은 멀티레이블 기획사 간의 갈등도 커지고 있다. 국내 아이돌 기획사들이 세계 음반시장에 주목하게 되면서, 경영진뿐 아니라 아이돌과 팬도 비자발적으로 이러한 경쟁시스템의 주요 플레이어가 되었다.

그 결과 기획사는 창작과 경영의 문제를, 아이돌은 아티스트와 기획된 가수의 역할론에서의 갈등을, 팬들은 능동적 생산자와 소비자 사이에서 갈등을 빚고 있는 상황이다. 국내 유명 아이돌이 소속된 대형 기획사들은 대부분 1인 체제로 운영되는 듯 보이는데, 다양한 주체가 경합하면서 형성되는 케이팝 산업과 문화가 1인의 경영전략만으로 이뤄진다는 '신화'는 이제 바뀌어야 한다.

자율적 경쟁 시스템으로서의 멀티레이블이 아닌 톱다운 방식의 운영, 앨범 속에 있는 포토카드 끼워팔기 문제, 음반 사재기 등의 문제도 해결되어야 한다.

케이팝포플래닛(kpop4planet) 같은 팬덤은 기후위기와 환경 문제를 지적하며, 음반 끼워팔기 문제를 계속 지적해왔다. 케이팝 팬들이 아이돌의 데뷔 이후 음원 순위를 위해 하는 '스밍(스트리밍 플랫폼 이용하기)'도 계속 지적되는 문제다.

더욱 생산적인 한류문화, 아이돌 문화를 형성하기 위해서는 여러 생산 주체들의 변화가 요구되는 시점이다. 기획사, 아이돌, 팬덤의 역할이 기술을 매개로 하면서 성과중심으로 가속화되고 있는 현재의 대중문화 환경이 변화하지 않는다면, 지금의 경제적·문화적인 역할을 유지하기는 어려울 것이다. 그리고 이 책이 더욱 건강한 케이팝 문화 형성에 도움이 되기를 바란다.

참고문헌

강보라·서지희·김선희(2018). 〈20대 여성 팬덤의 감정구조와 문화실천: 〈프로듀스101 시즌2〉 팬덤을 중심으로〉. 《미디어, 젠더&문화》 33(1), 5-50쪽.

강승지(2022.9.21). "'코로나 블루' 20대 직격탄 … 우울증·불안장애 2년 전보다 42% ↑". 〈뉴스1〉.

강신규(2022a). 〈팬덤 플랫폼과 디지털 기반 엔터테인먼트 산업의 변화〉. 《Media Issue & Trend》 50, 6-18쪽.

______(2022b). 〈커뮤니케이션을 소비하는 팬덤: 아이돌 팬 플랫폼과 팬덤의 재구성〉, 《한국언론학보》 66(5), 5-56쪽.

강지현·노혜경(2019). 〈아이돌 팬 특권의식의 성차: 팬쉽, 관계만족도, 관계유지 의도와의 관계를 중심으로〉. 《미디어, 젠더&문화》 34(1), 5-38쪽.

고경석(2018.1.27). "합법적 무료 음악 서비스 고안한 '스트리밍의 최강자'". 〈한국일보〉.

고정민·박미연(2024). 〈플랫폼 형태에 따른 음악산업의 변화 연구〉. 《문화산업연구》 24(1), 143-155.

고희진(2022.2.23). "가상인간 '로지'의 첫 노래는? … 얼굴 넘어 목소리까지 인간처럼". 〈경향신문〉.

곽태윤(2022.11.8). "SM부터 하이브까지 … 엔터사가 블록체인 하는 이유". 〈매거진한경〉.

국가인권위원회(2009). 《여성연예인 인권 침해 실태조사: 연기자를 중심으로》.

권경우(2011). 〈환상속에 아이돌이 있다: 신자유주의와 아이돌의 성공 이데올로기〉. 이동연 외. 《아이돌》, 이매진.

권란(2011.7.3). "너도나도 연예인 … '아이돌 고시' 그 현실은?". 〈SBS뉴스〉.

권은정(2019). 〈미국의 인공지능(AI) 윤리 및 거버넌스 현황〉, 《경제규제와 법》 12(2), 100-115쪽.

권이선(2022.2.9). "'홀로그램 AI'로 되살아난 별들 … 산 자를 위한 '유령 노예' 비판도". 〈세계일보〉.

권혁남(2021). 〈미디어 이용, 대인간 커뮤니케이션, 사회자본, 정치참여 간의 관계 연구〉. 《지역과 세계》 45(1), 231-255쪽.

권혜원(2022). 〈디지털화가 독립 음악가의 지위와 작업조건에 미친 영향: 불안정화와 리스크 재사회화의 동학〉. 《산업노동연구》 28(3), 1-37쪽.

기 드보르. 유재홍 옮김(2017). 《스펙타클의 사회에 대한 논평》, 울력.

김고금평(2011.6.17). "정신건강·학습권 … 박탈된 '아이돌' 기본권 명시". 〈문화일보〉.

김경학(2019.12.30). "CJ ENM 대표 '프로듀스' 순위 조작 사과 … '수익금 300억 사회 환원'". 〈경향신문〉.

김경호(2002). 〈MP3의 진보와 온라인 음악 저작권침해: 냅스터와 소리바다 판결의 의의〉. 《언론과법》 1, 249-277.

김대우(2015). 〈인간과 기계의 공진화적 관점에서 바라본 사이버가수의 진화과정〉. 《만화애니메이션연구》 39, 261-295쪽.

김민정(2020.7.18). "'한복' 어디까지 입어봤니". 〈이데일리〉.

김민제(2022.4.21). "'처치 곤란' K팝 앨범 8천장, 연예기획사 되돌아간 까닭은?". 〈한겨레〉.

김상균(2021). 〈메타버스 미디어 플랫폼과 관련 표준화 동향〉. 《방송과 미디어》 26(3), 41-49쪽.

김소연(2024.3.13). "'연예인들 앞으로 어떻게 하라고…' 박명수도 깜짝 놀랐다". 〈한국경제〉.

김수아(2010). 〈소녀 이미지의 볼거리화와 소비 방식의 구성: 소녀그룹의 삼촌팬 담론 구성〉. 《미디어, 젠더&문화》 15, 79-119쪽.

김수정(2021.11.10). "'버블'로 뜬 디어유, 오늘 코스닥 상장 … 향후 계획 보니". 〈노컷뉴스〉.

김수정·김수아(2015). 〈해독 패러다임을 넘어 수행 패러다임으로: 팬덤 연구의 현황과 쟁점〉. 《한국방송학보》 29(4), 33-81쪽.

______(2015). 〈'집단적 도덕주의' 에토스: 혼종적 K팝의 한국적 문화정체성〉. 《언론과 사회》 23(3), 5-52쪽.

김수철·강성수(2013). 〈K팝에서의 트랜스미디어전략에 대한 고찰: 〈강남스타일〉 사례를 중심으로〉. 《언론정보연구》 50(1), 84-120쪽.

김영대(2018). 〈하위문화로부터 탈한류 담론의 가능성까지: 케이콘과 방탄소년단을 중심으로〉. 이기형 외. 《문화연구의 렌즈로 대중문화를 읽다》. 컬처룩.

______(2022). 〈K팝 세계화의 새로운 국면〉. 《한류나우》 47. 한류국제문화교류진흥원, 1-10쪽.

김영례(2021). 〈예술, 기술, 상상력에 대한 철학적 고찰: 인공지능의 예술성을 중심으로〉. 《범한철학》 102, 173-198쪽.

김예란(2014). 《말의 표정들: 미디어 문화의 실천과 소통의 윤리》, 문학과지성사.

김원호(2021). "대체불가능토큰, NFT마케팅 도래: 블록체인 마케팅의 새로운 날개". 《마케팅》 55(4), 9-15쪽.

김은정(2020). 〈뉴미디어 시대의 팬덤과 문화매개자: 방탄소년단(BTS) 사례를 중심으로〉. 《한국콘텐츠학회논문지》 20(1), 378-391쪽.

김종효(2021.6.15). "요즘 K팝 아이돌 성공 공식? … 'BTS처럼' 트위터로 전세계 팬과 직접소통". 〈여성경제신문〉.

김지혜(2020.10.23). "과로에 월급 떼여도 퇴직마저 힘겨운 '이상한 나라의 노동자' 아이돌". 〈경향신문〉.

김창남 외(2012). 《대중음악의 이해》. 한울.

김학선(2012). 《K·POP 세계를 홀리다: 1970년대부터 현재까지 한국 대중음악을 만든 사람들》. 을유문화사.

김현식(2016.3.9). "프로듀스101이 또 … 이번엔 '불법 출연' 논란". 〈노컷뉴스〉.

______(2022.7.7). "SM 이수만 '메타버스 엔터테인먼트 세상 만들어 갈 것'". 〈이

데일리〉. https://www.edaily.co.kr/news/read?newsId=01246406632392224&mediaCodeNo=258

김현우(2023.4.9). "'표 한 장에 71만원' K팝 직관 위해 '플렉스' 하는 프랑스 MZ 세대". 〈여성경제신문〉.

김현준(2023). 〈생성형AI는 무엇을 '생성'하는가?: 커뮤니케이션 생성 엔진〉. 《문화과학》 114, 102-127쪽.

김현준·이광석(2023). 〈인공지능 기술 신화로서 의인화 비판: 챗봇 '이루다' 사례 연구〉. 《커뮤니케이션이론》 19(4), 109-157쪽.

김현진(2019). 〈트랜스미디어 환경에서 케이팝(K-Pop) 콘텐츠의 참여적 이용에 관한 연구〉. 숙명여자대학교 박사학위논문.

김호영·윤태진(2012). 〈한국 대중문화의 아이돌(idol) 시스템 작동방식〉, 《방송과 커뮤니케이션》 13(4), 45-82쪽.

김희경(2021.5.26). "'아이돌+아바타' 걸그룹 뮤비 1억뷰 … 블핑하우스엔 1300만명 다녀가". 〈한국경제〉.

남중섭(2011). 〈아도르노, 벤야민 & 대중문화〉. 《현대사상》 8, 109-119쪽.

남지은(2023.5.1). "연예인 심리상담 1년새 4배 … '합숙하며 고립' 시스템 바꿔야". 〈한겨레〉.

류도향(2020). 〈가족적인 것의 확장〉. 《인문사회과학연구》 21(1), 467-492쪽.

류지운(2024.5.11). "숙제일까 기회일까 … 주객전도 된 챌린지". 〈데일리안〉.

류한석(2023.9.30). "틱톡이 음악 산업을 움직인 방법". 〈주간조선〉.

문강형준(2010). 〈우상의 황혼? 한국사회에서 아이돌은 어떻게 소비되는가〉. 《시민과 세계》 17, 281-296쪽.

문화체육관광부(2013). 《대중문화예술인(가수·배우) 방송출연 표준계약서》.

______(2018). 《2018 예술인 실태조사》.

______(2019). 《청소년 대중문화예술인 표준 부속합의서》.

박선민(2021). 〈기술에 따른 감각변화가 K팝 산업에 미치는 영향〉. 《인문사회 21》, 2507-2516쪽.

박성모(2015). 〈자본주의 사회에서 나타나는 아이돌 그룹의 소외〉. 《사회과학연구》 31(1), 275-301쪽.

박소정(2022). 〈확장하고 경합하는 K〉. 《한국언론학보》 66(4), 144-186쪽.

박송이(2007.8.20). "문화연대, '가요순위 프로그램' 부활 반대". 〈미디어오늘〉.

박수형(2024.5.14). "케이콘 재팬, 역대 최다 관객 14만 인파 운집". 〈ZDNet Korea〉.

박종진(2022.8.22). "케이콘 2022 LA: 메타버스 '네이버 제페토'로 영역 확장". 〈전자신문〉.

박지훈(2025.3.15). "진화하는 버추얼 휴먼 '음악방송 1위 버튜버 전성시대' 버추얼 휴먼, 콘텐츠 한 축으로 부상". 〈매일경제〉.

박치완(2018). 〈문화적 전환의 시대, '문화'는 '보편적'으로 매개되고 있는가?〉. 《현대유럽철학연구》 49, 145-181쪽.

방희경·오현주(2018). 〈아이돌 정동노동과 노동윤리: 리얼리티 쇼 〈프로듀스 101〉을 중심으로〉. 《한국언론정보학보》 91, 76-117쪽.

배두헌(2023.3.2). "'미성년 연예인 휴식권' 권고에 … 문체부·교육부 '수용'". 〈헤럴드경제〉.

백승혁(2012). 〈연예기획사 등록제 도입과 연예 매니지먼트 산업 활성화 방안: 한국과 일본 사례비교분석〉. 《코카포커스》 7, 한국콘텐츠진흥원.

베르비기에 마띠유·조영한(2017). 〈K팝의 한국팬덤에 대한 연구: 해외 팬들에 대한 인식을 중심으로〉. 《한국언론정보학보》 81, 272-298쪽.

부애리(2020.9.29). "박문치도 여기서 떴다, 10살 네이버 온스테이지". 〈아시아경제〉.

비비아나 A. 젤라이저. 숙명여자대학교 아시아여성연구 옮김(2009). 《친밀성의 거래》. 에코리브르.

빅토리아 알렉산더(Victoria D. Alexander). 최샛별·한준·김은하 옮김(2010). 《예술사회학》. 살림.

서어리(2015.6.29). "음악방송 둘러싼 침묵의 카르텔, 곧 폭발한다". 〈프레시안〉.

서유진(2023.5.28). "챗GPT에 변호사가 당했다… 알려준 판례 제출했더니 '가짜'". 〈중앙일보〉.

서은아·김영재(2021). 〈웹소설 기반 오디오 콘텐츠의 선호 요인 연구: 네이버 오디오클립 중심으로〉. 《문화와 융합》 43(11), 89-108쪽.

서정민(2024.4.15). "K팝, 세계 실물 음반 산업 성장 큰 공헌". 〈한겨레〉.

_____(2024.2.28). "요즘 K팝 화두는 '친밀감' … '이지 리스닝'과 '오디션' 전략 뜬다". 〈한겨레〉.

서헌제(2006). 〈온라인 환경에서의 음악저작물 보호와 이용: 소리바다사건과 미국의 Napster, Grokster 사건의 비교〉. 《법학논문집》. 중앙대학교 법학연구원, 299-337쪽.

서현정(2019). 〈아도르노의 '대중음악에 관하여'에서 플러깅과 글래머의 함의〉. 《미학》 85(2), 109-141쪽.

석왕현(2021). 〈메타버스 비즈니스 모델 및 생태계 분석〉. 《전자통신동향분석》 36(4).

신담은(2021.9.12). "카카오, '골목상권 침해' 논란에 '상생방안 검토 … 사업철수는 미정'". 〈한겨레〉.

성혜미(2019.2.8). "'흑인 분장'에 들끓는 美 … '인종 차별적 고정 관념을 오락에 활용'". 〈연합뉴스〉.

소병수·김형진(2021). 〈소셜미디어상의 개인정보활용과 보호: AI 채팅로봇 이루다의 개인정보 침해 사건을 중심으로〉. 《법학연구》 24, 179-207쪽.

신경식(2022). 〈스펙타클 사회의 일상성과 미디어의 정치적 전용〉. 《아시아영화연구》 15(3), 155-195쪽.

신규진(2019.7.27). "'해외 팬클럽과 왜 차별하나요'… 성난 팬덤, 일부는 '탈덕'까지". 〈동아일보〉

신윤희(2022). 〈코로나19 이후의 팬덤〉. 류진희·백문임·허윤 기획(2022). 《페미돌로지》. 빨간소금.

신혜정(2017.3.7). "마마무의 '흑인 분장', 왜 안 된다는 걸까?". 〈한국일보〉.

심두보(2013a). 〈동남아시아의 한류: 싱가포르의 경우를 중심으로〉. 《동남아시아연구》 23(1), 277-311쪽.

______(2013b). 〈K팝(K-pop)에 관한 소고〉. 《사회과교육》 52(2), 13-28쪽.

심두보·노광우(2012). 〈유투브와 소녀시대 팬덤〉. 《한국콘텐츠학회논문지》 12(1), 125-137쪽.

심희철·김헌식(2013). 《K팝의 정신과 시스템의 기원》. 평민사.

스컵(2020). "아이돌 세대론: ① 2020 아이돌팝 세대론". https://idology.kr/13070

안태현(2024.5.6). "세븐틴, 신보 초동 판매량 296만장 돌파 … 베스트앨범 사상 최다 기록". 〈뉴스1〉.

양승준(2021.1.2). "'나은 세상 위해' … SM, 새해 온라인 무료 공연 '186개국서 시청'". 〈한국일보〉.

연승(2017.5.31). "팬덤 'K팝의 산업화' 일등공신 … 팬장사·조공문화 그늘도". 〈서울경제〉.

오세정(2012). 〈K-POP의 선호 요인: 미주 지역의 K-POP 소비자를 대상으로〉. 《주관성 연구》 24, 205-223쪽.

오유교(2023.7.21). "박진영, 미국 건너가 K팝 걸그룹 만든다 … 33조 시장 공략". 〈아시아경제〉.

원용진·김지만(2011). 〈연성국가주의에 편승한 연예기획사와 한류의 미래〉. 한국언론학회. 《한류 2.0시대의 진단과 분석 학술 세미나 발표집》, 27-51쪽.

______(2018). 〈사회적 장치로서 아이돌〉, 이기형 외(2018). 《문화연구의 렌즈로 대중문화를 읽다》. 컬처룩.

원용진·방희경·이준형·마리사 러키(2020). 〈'코리아부(Koreaboo)' BTS Universe가 미운 퍼즐 한 조각〉. 《한국언론학보》 64(4), 417-499쪽.

원용진·이동연 외(2020). 《서드라이프》. 커뮤니케이션북스.

유주희(2008.9.16). "美 베스트바이, 냅스터 인수한다". 〈서울경제〉.

유현우(2023). 〈미국 음반산업협회(RIAA), 2022년 연례매출 보고서 발표〉. 《저작권 동향》 3, 1-6쪽.

유현주(2009). 〈아도르노 미학에서의 '기술(Technik)'〉. 홍익대학교 박사학위논문.

윤솔·이예림(2024.5.6). "아이돌 만나려면 앨범 수백 장 사야 … 상술에 허리 휘는 '팬덤'". 〈세계일보〉.
윤승민·조문희(2021.2.4). "'공공이 안녕'하면 '개인의 권리'는 묻혀도 되는가". 〈경향신문〉.
윤원섭·박대희(2021.11.4). "'아미들 소장욕 불타오르겠네' … 한정판 '방탄 굿즈' NFT로 판다". 〈매일경제〉.
윤유경(2024.5.10). "아이돌의 인권을 위한 법이 잠자고 있다". 〈미디어오늘〉.
이광석(2021). 〈챗봇 '이루다'가 우리 사회에 남긴 문제: 인공지능에 인권 매뉴얼 탑재하기〉. 《문화과학》 105, 183-198쪽.
이규탁(2014). 〈K팝의 세계화와 디지털화: 유튜브 반응 동영상과 커버댄스 경연 대회〉. 《한류비즈니스연구》 1(1), 73-107쪽.
______(2016). 〈실시간 인터넷 방송과 K팝, 그리고 수용자: 네이버 '브이앱'을 중심으로〉. 《예술경영연구》 39, 33-65쪽.
______(2020). 《갈등하는 케이, 팝》. 스리체어스.
이규태(2005.1.17). "냅스터, 유료 가입자 27만명 달해". 〈전자신문〉.
이기형(2004). 〈탈지역적으로 수용되는 대중문화의 부상과 '한류현상'을 둘러싼 문화정치〉. 《언론과 사회》 13(2), 189-213쪽.
이나다 도요시. 황미숙 옮김(2022). 《영화를 빨리 감기로 보는 사람들》. 현대지성.
이나은(2022). 〈친밀환상의 작동방식: 팬플랫폼 '버블' 사용자를 중심으로〉. 《미디어, 젠더&문화》 37(2), 157-200쪽.
이덕민(2013). 〈연예인 지망생 인권 실태 및 보호 방안 학술 세미나 결과 보고서〉. 국회인권포럼·국회의원 황우여·국회입법조사처.
이도윤(2024.5.3). "공정위, '엔터계 공룡' 카카오엔터-SM 합병 승인". KBS.
이동연(2001). 〈팬덤의 기호와 문화정치〉. 《진보평론》 8, 437-449쪽.
______(2021). "예술한류의 형성과 문화정체성: '이날치' 현상을 통해서 본 문화세계화〉. 《한국예술연구》 32, 53-74쪽.
______(2023.3.9). "팬보다 위대한 경영권은 없다". 〈동아일보〉.
이동후(2021). 《미디어는 어떻게 인간의 조건이 되는가》. 컬처룩.

이동후·김해원·이설희(2019). 〈미디어-일상-소비의 교차로, TV 홈쇼핑: 20대와의 심층인터뷰를 중심으로〉. 《한국언론정보학보》 97, 37- 76쪽.

이동훈(2010). 〈온라인 개인 미디어 공론장의 구조적 재개념화 연구: 소셜미디어화 현상을 중심으로〉. 《언론과 사회》 18(3), 110-145쪽.

이상길(2018). 〈대중문화 산업의 상징경제: 국내 연예 산업의 사례를 중심으로〉. 이기형 외. 《문화연구의 렌즈로 대중문화를 읽다》. 컬처룩.

이성민(2022). 〈K가 갖는 환상과 본질: 'K-'의 모호함을 넘어, K-다음을 고민하기〉. 《HALLYU NOW》 51, 한국국제문화교류진흥원.

이세연(2024.1.22). "썩어나는 '썩지 않는' 앨범". 〈포춘코리아(FORTUNE KOREA)〉.

이수현(2014). 〈20대 여성팬덤의 심리적 특성에 관한 연구: 허구적 연애감정, 아이돌 친근감, 자아존중감과 아이돌 우상화와의 관계를 중심으로〉. 고려대학교 석사학위논문.

이승윤(2019). 〈청년 불안정노동의 시대〉. 《황해문화》 103.

이승희·이상범(2022), 《콘텐츠 분야 메타버스 생태계 활성화 방안 연구》. 한국콘텐츠진흥원.

이신영(2022.12.13). "롯데홈쇼핑 가상인간 루시, 라이브 커머스 진행자로 데뷔". 〈연합뉴스〉.

이영주(2009). 〈우리나라 방송사의 아동(청소년) 방송출연 가이드라인 규정 방안〉. 《아동 청소년의 방송출연과 미디어 윤리 방송통신심의위원회 세미나 자료집》.

이오현(2021). 〈K팝 해외 수용문화가 지닌 문화정치적 함의에 대한 연구: K-pop Random Play Dance를 중심으로〉. 《한국언론학보》 65(5), 127-170쪽.

이유나(2021.6.8). "인기 시트콤 '김씨네 편의점' 역대급 인종 차별 논란 속 종영". 〈YTN star〉.

이유진(2019.7.26). "'프로듀스X101' 투표조작 논란 일파만파 … 엠넷 '제작진 수사의뢰'". 〈경향신문〉.

_____(2021.11.23). "엔터·게임업계 화두로 급부상 '메타버스·NFT'를 어떻게

볼 것인가 … '당장은 거품, 미래엔 기회'". 〈경향신문〉.
이은호(2023.5.23). "휴대폰 뺏기고 체중 검사 … K팝 연습생 생활은 감옥". 〈쿠키뉴스〉.
이재훈(2021.3.11). "1인칭 시점 메타버스 공연… 지니뮤직 'SF9 VP 앨범'". 〈뉴시스〉.
이정현(2021.1.20). "'폭풍 성장' 넷플릭스 … 전세계 가입자 지난해 2억명 돌파". 〈연합뉴스〉.
_____(2024.2.2). "유튜브 프리미엄 구독자 1억 명 넘었다". 〈ZDNET Korea〉.
이종임(2013). 《신한류와 문화이동의 지형학》. 논형.
_____(2016). 〈한류담론에서 재현되는 여성담론: K팝 아이돌 걸그룹의 뮤직비디오 속 이미지를 중심으로〉. 《인문사회21》 7(6).
_____(2018a). 《아이돌 연습생의 땀과 눈물: 아이돌 성공신화와 연습생의 딜레마》. 서울연구원.
_____(2018b). 《문화산업의 노동구소와 아이돌》. 북코리아.
_____(2020). 〈AI와 여성 개발자: 기술 산업이 갖는 젠더 불평등〉. 금희조 외(2020). 《AI와 더불어 살기》. 커뮤니케이션북스.
_____(2023.6.2). "김완선 시대와 다른 아이돌? 더 보호받아야 할 존재다". 〈프레시안〉.
이종임·박진우·이선민(2021). 〈청년 세대의 분노와 혐오 표현의 탄생: 온라인 커뮤니티 〈에브리타임〉의 '혐오-언어' 표현 실태분석을 중심으로〉. 《방송과 커뮤니케이션》 22(2), 5-37쪽.
이종임 외(2020). 《대중문화 산업 종사 아동·청소년 인권상황 실태조사》. 국가인권위원회.
이지언(2017). 〈대중예술의 이미지 재현에 관한 미학적 논의: K팝 춤(K-POP Dance)을 중심으로〉. 《예술교육연구》, 143-162쪽.
이지영(2017). 〈포스트휴머니즘과 과학기술 윤리의 문제: 스피노자를 중심으로〉. 《한민족문화연구》 59, 247-280쪽.
이진로(2014). 《국제방송의 역사와 유형》. 커뮤니케이션북스.

이희은(2021). 〈“기계는 권력의 지도”: AI와 자동화된 불평등〉. 《문화과학》, 127-142쪽.

______(2019). 〈유튜브의 기술문화적 의미에 대한 탐색: ‘흐름’과 알고리즘 개념의 재구성을 중심으로〉. 《언론과 사회》 27(2), 5-46쪽.

임대준(2024.5.17). “AI 저작권 문제, 텍스트서 음악으로 확대 … 소니, 700개 기업에 법적 대응 예고”. 〈AI타임즈〉.

임마뉴엘 칸트. 백종현 옮김(2009). 《판단력 비판》. 아카넷.

임명빈·김수정(2018). 〈인터넷 개인방송 BJ의 셀프 브랜딩 실천과 친밀성의 구성〉. 《사회과학연구》 29(3), 105-130쪽.

임순현·이율립(2023.6.17). “여의도 BTS 30만·잠실 14만 … 30도 더위에 우산·손선풍기”. 〈연합뉴스〉.

장미혜·이충환(2006). 〈디지털 네트워크 시대의 음악 시장 변화: 소유에서 향유로, 전유에서 공유로〉. 《경제와 사회》 72, 230-336쪽.

장서윤(2014.2.20). “‘별에서 온 그대’ 열풍 어느 정도기에…”. 〈텐아시아〉.

전승재·고명석(2021). 〈이루다 사건을 통해서 보는 개인정보의 인공지능 학습데이터 활용 가능성〉. 《정보법학》 25(2), 103-133쪽.

전준강(2023.3.3). “‘알고리즘 조작해 ‘카카오 블루’에 콜 몰아줘’ … 과징금 257억 두들겨맞은 카카오T”. 〈인사이트〉.

정길화(2015). 〈브라질의 K팝 수용에 관한 연구〉. 《이베로아메리카》 17(1), 93-131쪽.

정민우·이나영(2009). 〈스타를 관리하는 팬덤, 팬덤을 관리하는 산업: ‘2세대’ 아이돌 팬덤의 문화실천의 특징 및 함의〉. 《미디어, 젠더&문화》, 191-240쪽.

정서영(2024.4.30). “‘1030 놀이터’ 틱톡도 韓 이커머스 상륙 준비”. 〈동아일보〉.

정은미(2021.7.22). “레게머리가 인종 차별? … 때아닌 논란 휩싸인 한류 스타”. 〈연합뉴스〉.

정준화(2021). 《메타버스(metaverse)의 현황과 향후 과제》. 국회입법조사처.

정지은(2019). 〈K팝(K-POP)을 위한 스토리텔링 전략에 관한 연구: 방탄소년단(BTS)을 중심으로〉. 《문화산업연구》 19(3), 63-72쪽.

조규범(2013.11.8). 〈연예인 지망생의 인권실태와 보호방안〉. 《이슈와 논점》. 국회입법조사처.

조영헌·조영한(2020). 《옐로우 퍼시픽: 다중적 근대성과 동아시아》. 서울대학교 출판문화원.

조유빈(2023.8.28). "K팝 공식깼다 … 뉴진스의 방식, 무엇이 달랐나". 〈시사저널〉.

조은아(2022). 〈블록체인 게임과 게임 산업의 패러다임 전환〉. 《한국게임학회논문지》 22(5), 57-71쪽.

조한혜정(2003). 《한류와 아시아의 대중문화》. 연세대학교 출판문화원.

차우진(2021). 〈엔터테인먼트 산업의 미디어 플랫폼화〉. 《MEDIA ISSUE & TREND》, 6-18쪽.

채다희·이승희·송진·이양환(2021). 《Kocca focus-메타버스와 콘텐츠》 134, 한국콘텐츠진흥원, 1-34쪽.

최빈시(2023.5.15). "음원 커버에 아이돌 피처링, 아티스트 데뷔까지 … 성큼 다가온 'AI 음악의 세계'". 〈경향신문〉.

최순욱·최성인·이재현(2020). 〈유튜브에서의 뮤직비디오 팬덤 분석: BTS M/V 시청, 댓글 상호 작용, 밈 영상 제작〉. 《한국언론학보》 64(1), 7-45쪽.

최영준·윤성열(2019). 〈자유안정성을 위한 기본소득 실험: 새로운 사회경제체제를 위한 도전〉. 《정부학연구》 25(1), 5-41쪽.

최원철(2023.6.17). "BTS 데뷔 10주년, 그동안의 주요 발자취". 〈노컷뉴스〉.

최진석(2023.8.30). "'틱톡, 2년내 美 최대 SNS 될 것' … 정부 견제도 숏폼 열풍 못말려". 〈한국경제〉.

추상철(2020.1.11). "CES에서 본 인공지능의 내일 … 비서에서 친구로". 〈뉴시스〉.

추승연(2021.7.13). "MBCX한동철 '방과 후 설렘' 8만 명 지원자 폭주로 제작 지연". 〈서울경제〉.

하선규(2007). 〈예술과 문화적 삶: 서구미학사의 몇가지 전환점에 관한 시론〉. 《미학》 49, 159-213쪽.

한국경쟁법학회(2011).《연예 매니지먼트 산업 실태와 경쟁정책적 평가》. 공정거래위원회.

한국정보통신기술협회(2017).《UHD방송과 VR》. 한국정보통신기술협회.

한국콘텐츠진흥원(2019a).〈2019 대중문화예술산업 실태조사 결과 발표〉.

______(2019b).〈청소년 대중문화예술인 및 연습생 표준계약서 개발을 위한 연구〉.

______(2020).〈2020 음악산업백서〉.

______(2021a).〈2021 대중문화예술 산업 실태 조사〉.

______(2021b).〈디지털전환 시대 콘텐츠 이용 트렌드 연구: 온라인 동영상, 온라인 공연, 메타버스, 오디오콘텐츠〉.

______(2023).〈2023 해외콘텐츠 시장 분석〉.

한류국제문화교류진흥원(2023).〈2022 한류백서〉.

한수진(2022.2.13). "'가상인간' 로지, 가수 데뷔: 드라마 출연 화제 '불쾌' VS '놀라워' 반응 분분".〈톱스타뉴스〉.

한혜원(2008).〈메타버스 내 가상세계의 유형 및 발전방향 연구〉.《한국디지털콘텐츠학회 논문지》9(2), 317-323쪽.

〈헤럴드경제〉(2023.6.11). "'유명 연예인인 줄 알았다' 호기심 자극하더니 … 이젠 찬밥 신세?"

홍석경(2020).《BTS 길위에서》. 어크로스.

홍성욱(2014).〈예술을 바꾸는 기술, 기술을 바꾸는 예술: 비디오 아티스트 백남준의 상상력과 기술철학〉.《인문학논총》34, 39-67쪽.

______(2009).〈상상력의 과학, 과학의 상상력〉.《독일어문화권연구》18(4), 249-288쪽.

홍지아·정윤정(2018).〈리얼리티 프로그램〈프로듀스101〉이 재현하는 아이돌 되기의 자격〉.《현상과 인식》42(2), 121-150쪽.

홍진수(2021.4.28). "AI 챗봇 '이루다' 개발사에 과징금 및 과태료 1억330만원 부과 … 개인정보보호법 위반".〈경향신문〉.

황진미(2017.8.1). "진정한 글로벌리즘은 아직 멀었다".〈한겨레21〉.

히어로콘텐츠팀(2023.1.18). "대중성보다 충성심 … K팝 아이돌의 심장은 '팬덤'[히어로콘텐츠/한국산 아이돌]". 〈동아일보〉.

Alexander, V. D. (2003). *Sociology of the Arts: Exploring Fine and Popular Forms.* Wiley-Blackwell. 최샛별·한준·김은하 옮김(2010).《예술사회학》. 살림.

Andrejevic, M. (2019). *Automated Media*. Routledge. 이희은 옮김.《미디어 알고리즘의 욕망》. 컬처룩. 2021.

Become an FT subscriber to read: The metaverse is just the latest incarnation of Las Vegas. *Financial Times.*

Chang May Choon. Those bullied by S. Korean celebs will no longer stay silent. *The Straits Times*. 2021.4.25.

______. Unconventional S. Korean grannies find global fame. *The Strait Times*. 2021.5.10. https://www.straitstimes.com/asia/east-asia/unconventional-s-korean-grannies-find-global-fame

Dewey, J., 이재언 옮김(2020).《경험으로서의 예술》. 책세상.

Donna J. Haraway (2016). *Manifestly Haraway*. Univ Of Minnesota Press. 황희선 옮김(2019).《해러웨이 선언문인간과 동물과 사이보그에 관한 전복적 사유》. 책세상.

Engster, F. & Moore, P. V. (2020). *The Search for (Artificial) Intelligence. in capitalism.* Capital & Class, vol. 44, no. 2.

Fiske, J. (2011). *Reading the Popular.* Routledge. 박만준 옮김(2016).《대중과 대중문화》. 커뮤니케이션북스.

Giddens, A., 배은경·황정미 외 옮김(2003).《현대사회의 성 사랑 에로티시즘: 친밀성의 구조변동》. 새물결.

Henry, A. G. (1999). *The Mouse That Roared-Disney and the End of Innocence.* Rowman & Littlefield Publishers.

Hochschild, A. R. (2003). *(The) managed heart: commercialization of human feeling*. University of California Press. 이가람 옮김(2009).《감정 노동》. 이

매진.

Hooks, B. (2014). *Feminism is For Everybody.* Routledge. 이경아 옮김(2017). 《모두를 위한 페미니즘》. 문학동네.

Hyun-su Yim (2019.Jan.18). A rare glimpse of the 'factorylike' K-pop idol training system The author of 'Idol Trainees' Sweat and Tears' details the grueling process of becoming a K-pop star. *The Korea Herald*.

Jones, C. (2000). "Pulling Teeth in Eighteenth-Century Paris." *Past and Present: A Journal of Historical Studies*. 166(February), pp. 100-145.

Kelly, K. (2002). Towards a Post - Napster Music Industry. *The New York Times Magazine* 17 March, 19-21.

Noble, S. U. (2018). Algorithms of Oppression. New York University. 노윤기 옮김(2019). 《구글은 어떻게 여성을 차별하는가》. 한스미디어.

Oates, J. (2019.5.17). Jeremy Kyle Show: a psychologist explains the risks in reality TV and how aftercare should be done. *The Conversation*.

'Parasite' Director Bong Joon Ho on Making Oscar History. *The New York Times*. 2020.1.13.

Sarah Hughes, Protect child actors from abuse. pleads star of new BBC drama Dark Money. *The Guardian.* 6, July, 2019.

Steinberg, B. (2021.12.28). TV's Biggest Newsrooms Poised for 2022 Surge in Streaming Wars. *Variety.*

The New York Times (2019.3.31). How Blackface Feeds White Supremacy. https://www.nytimes.com/2019/03/31/opinion/blackface-white-supremacy.html

Tripp Mickle(May, 20, 2024). Scarlett Johansson Said No, but OpenAI's Virtual Assistant Sounds Just Like Her Last week, the company released a chatbot with an option that sounded like the actress, who provided the voice of an A.I. system in the movie "Her.", *NewYork Times.*

Turner, G. (2004). Understanding Celebrity. Thousand Oaks. Calf: Sage.

Walker, J. A. (1973). *Art of the Age pf Mass Media*. London: Pluto Press. 정진국 옮김(1993). 《대중매체 시대의 예술》. 열화당.

Williams, R., 성은애 옮김(2007). 《기나긴 혁명》. 문학동네.

Witkin, R. W. (2003). *Adorno on Popular Culture.* Routledge.

W. 타타르키비츠. 김채현 옮김(1998). 《예술개념의 역사》. 열화당.

https://terms.naver.com/entry.naver?docId=1211105&cid=40942&categoryId=31759

https://www.hankyung.com/it/article/2021052625941

https://www.sedaily.com/NewsView/22OWAL3DXT

https://www.theamas.com/

https://www.youtube.com/watch?v=9bZkp7q19f0

https://zepeto.me/

찾아보기

ㅅ

ㅇ